2만 건의 임상 경험으로 검증된
30초 만에 불안감을 없애는 법

아무
이유
없이
불안할
때가
있다.

다카무레 겐지 지음
김정환 옮김

센시오

그런 날이 있다.

눈뜬 순간부터 잠들 때까지
이유 없는 불안감과 걱정에 끌려다니는 날

악착같이 달라붙는 불안감들이여, 안녕!

나는 20여 년간 심리 상담가로 활동해오면서 지금까지 2만 명이 넘는 사람들을 상담해 왔다. 직장에서의 인간관계, 연애, 결혼, 육아 등에 대한 구체적인 조언은 물론이고, 일상에서 겪는 스트레스와 관련된 정신적인 불안감을 해소하도록 돕고 있다.

상담 내용은 사람마다 다르고 다양하지만, 여기에는 어떤 공통점이 있다. 많은 사람들이 마음에 여유가 없는 상태에서 만성적으로 불안감을 느낀다는 것이다. 주변 환경으로 인한 스트레스 때문에 마음에 여유를 잃는 것은 이해가 가고도 남는다. 그런데 그런 환경적인 스트레스가 사라진 뒤에도 마음이 편해지지 않고 여유가 없는 상태가 계속되는 사람이 많다.

이렇게 마음에 여유가 없는 상태가 계속되는 원인은 무엇일까? 그 원인은 본인이 끌어안고 있는 이유 없는 불안감이 끊임없이 마음을 압박하기 때문이라는 것을 나는 오랜 상담 경험을 통해 깨달았다.

최근 들어 이렇게 이유 없는 불안감을 느끼는 사람이 점점 늘고 있다. 그런 불안감이 강하면 정신적으로 평온하기가 어렵고, 긴장감 속에서 하루하루를 살아가게 된다. 우울증까지는 아니더라도 이런 불안감이 계속되면 조금 위험한 상황으로 발전할 수도 있다.

과거에는 요즘처럼 불안감을 느끼는 사람이 많지 않았다. 그 이유는 좋은 의미에서든 나쁜 의미에서든 사회 구성원 대부분이 비슷한 가치관을 공유해왔기 때문이다. 그 가치관을 생활의 기준으로 삼아오면서 개인적으로 선택의 기로에 서거나 결정을 앞두고 망설일 일도 적었던 것이다.

- 일정한 나이가 되면 결혼한다.
- 한번 결혼을 하면 웬만해서는 끝까지 같이 산다.
- 아이는 당연히 낳는다.
- 결혼한 여성은 집에서 아이를 키우고 살림을 한다.

이런 가치관들은 때때로 정신적으로 스트레스를 주고 마음을 옥죄는 무거운 족쇄가 되기도 하지만, 한편으로는 안도감의 근거가 되기도 했다.

요즘은 과거와 달리 다양한 가치관이 인정받는 사회가 되었다.

덕분에 남자든 여자든 수많은 선택지가 생겼지만, 선택의 폭이 넓어진 만큼 행동 기준은 모호해졌다. 그런 까닭에 무엇을 해야 좋을지 모르겠고, 어떻게 살아가야 할지 모르겠다고 호소하는 사람들이 많아진 것이다. 이는 사사건건 간섭하고 가르치려드는 부모에게 반발심을 느끼던 아이가 어느 날 갑자기 부모에게서 "너 하고 싶은 대로 해"라는 말을 듣고는 오히려 무엇을 해야 할지 몰라 당혹감을 느끼는 것과 비슷하다. 분명 좋기는 한데 자신이 무엇을 하고 싶은지, 어떻게 해야 할지 몰라 혼란스러운 것이다.

사람들은 이런 상황에서 굉장히 괴로워한다. 그리고 자유가 가져다주는 불안감으로부터 벗어나고자 무거운 족쇄였던 과거의 가치관으로 되돌아가려고 하는 경우도 있다. 그러나 단순히 과거로 돌아간다고 해서 과거와 같은 안도감을 얻을 수 있는 것은 아니다. 이미 사회는 다양화가 진행되고 있기 때문이다. 이렇듯 사람들은 선택지가 늘어날수록 무엇을 어떻게 해야 할지 몰라 혼란에 빠진다. 얼마든지 자기 마음대로 선택할 수 있게 되었는데도 이유를 알 수 없는 막연한 불안감과 갑갑함을 계속 느끼는 것이다.

이처럼 이유를 알 수 없는 불안감이나 갑갑함에서 벗어나려면 자아를 평온하게 유지할 수 있을 정도로 마음을 안정시켜야 하는데, 이 책에서는 그 첫걸음으로 마음의 균형을 바로잡음으로써 불안감을 해소해가는 방법을 전수하려고 한다. 이 방법은 전혀 어렵지 않으며, 단 몇 초만 투자하면 되는 것도 있다. 그저 간단하게 몸과 마음을 이용하는 방법 몇 가지만 배우면 된다. 또한 '자아 이미지'를 높이면 불안감이 해소되고 자아를 좀 더 평온하게 유지할 수 있게 된다.

이 방법들은 실제로 나 자신을 위해 개발되고 검증된 것들이다. 심리 상담가가 되기 전, 나는 엔지니어로 일했다. 그러나 어떤 일이든 완벽하게 처리해야 한다는 강박 때문에 죽어라 일만 하다가 결국 지쳐서 회사를 휴직하게 되었다. 1년의 휴직 기간을 거친 후 다시 회사로 돌아갔지만 몸 상태는 예전만 못했다. 마음의 균형도 무너졌고 자아 이미지도 낮아진 탓에 좀처럼 회복 되지 않아 회사 생활을 간신히 버텨냈다. 그래서 나 스스로 온갖 건강법을 공부했고, 덕분에 상당히 회복되었는데, 이때 결정적인 역할을 한 것이 '마인드풀니스mindfulness'를 활용한 접근법이었다.

마인드풀니스란, 직역하면 '마음을 가득 채운다'는 뜻으로 '마음 챙김'이라고 부르기도 한다. 요컨대 '좋다', '싫다'라는 판단을 배제하고 '지금 이 순간'에 의식을 집중하는 상태이며, 정신적 안정을 돕고 능률을 향상시키는 데 효과가 있다고 알려져 있다.

불안감이 들 때 억지로 낙관적으로 생각하려고 하거나 불안감을 지우려고 하면 오히려 역효과가 날 수 있다. 불안감이 더욱 강해져 감당할 수 없는 지경이 되는 것이다. 그러나 마음이 충만한 상태가 되어 불안감을 직시하고 수용할 수 있다면 마음의 자연 치유력이 발동하기 시작한다. 무리하게 애쓰지 않아도 마음이 편안해지고 불안감이 해소된다. 그래서 정신 재활 프로그램이나 기업 연수에서도 마인드풀니스 기법을 도입해 다양하게 활용하고 있다.

다만 내가 처음에 접한 기존의 마인드풀니스 기법에는 한계도 있어서 너무 강한 불안감이나 장기간 축적되어온 감정을 해소하는 데는 적용하기 어려웠다. 그래서 내 나름대로 궁리를 하게 되었다. 내 몸과 마음을 회복시켜 건강하게 살기 위해서는 좀 더 간단하고 효과적인 방법이 필요했던 것이다. 그리고 결국 나는 불안감과 장기간 축적되어온 부정적인 감정을 지우고 회복하는 데 성공했다.

이 새롭고 독자적인 방법은 한 가지만이 아니다. '감정 재생 요법'이라는 이름의 이 방법들은 나 자신에게는 물론 개인을 대상으로 하는 상담, 그리고 스트레스 관리 강좌에서도 큰 효과를 봤다. 이 방법들을 간단히 소개하면 다음과 같다.

• 불안한 마음을 빠르게 회복시키는 '퀵 마인드풀니스 테크닉'

기존의 마인드풀니스 기법은 극심한 불안감으로 궁지에 몰렸을 때는 별다른 효과를 발휘하지 못하는 경우가 많았다. 당장 효과를 볼 수 있는 처방이라기보다는 마음에 어느 정도 여유가 있을 때 꾸준히 하면 좋은 훈련법에 가까웠다.

이 책에서는 평상시에 해도 좋은 훈련법인 동시에 강한 불안감에도 효과가 있는 '퀵 마인드풀니스 테크닉'을 소개하고자 한다. 아주 간단한 이 처방은 일을 할 때나 사람을 만날 때 불안감이 커지더라도 자신을 안정시킬 수 있다.

• 날뛰는 불안감도 진정시키는 '몸 사용법'

마음속에서 강한 불안감이 날뛸 때도 기존의 마인드풀니스 기법만으로는 해결되지 않는다. 그럴 때는 마음속에 불안감을 담을 그릇을 만들면 되는데, 그 마음의 그릇은 간단하게 몸을 사용해서 만들 수 있다. 그리고 그 그릇에 불안감을 담으면 마음의 부담감이 줄어들고 여유가 생긴다. 당연히 마음이 충만한 상태에 이르기도 쉬워져 불안감을 해소하는 데도 도움이 된다.

• 자아 이미지를 높여 마음의 체질을 개선하는 법

마음의 체질을 개선하기 위해 자아 이미지를 높이는 구체적인 방법도 소개한다. 자아 이미지를 높이면 주위 사람들에게 휩쓸리지 않고 자신을 긍정할 수 있게 되므로 평소에 불안감을 느끼는 일이 줄어들 것이다. 그리고 이런 습관을 들이면 온화한 마음으로 하루하루를 보낼 수 있게 된다. 이 책에 나오는 방법들을 익힌다면 스스로 불안감을 해소해나갈 수 있게 될 것이다.

　책의 중반부부터는 일, 인간관계, 연애, 결혼, 육아, 노후 등 특정한 어떤 문제에 관해 강한 불안감을 느끼는 경우에 도움이 되는 내용이다. 상황별 대처법을 빨리 알고 싶다면 해당 부분을 읽으면 도움이 될 것이다. 과거에 내가 겪었던 우울증의 한 형태인 기분부전증을 치료하거나 예방하는 데도 도움이 되는 내용이다.

이 책이 불안감으로 가득한 나날로부터 당신을 구할 수 있다면 그보다 기쁜 일은 없을 것이다.

차례

누구나 아무 이유 없이 불안할 때가 있다

오늘의 불안감은 과거의 불쾌했던 경험에서 시작된다

미래에 대한 막연한 불안감에 대처하는 법

일과 인간관계 모두 잘하고 싶은 사람들을 위한 처방전

연애에 미숙한 사람들을 위한 처방전

결혼·육아 때문에 불안한 사람들을 위한 처방전

아름답고 건강한 삶을 위한 처방전

누구나
아무 이유 없이
불안할 때가 있다

불안감은 정말
나쁘기만 한 걸까?

사람들은 일상에서 크든 작든 불안감을 느끼면서 살아가고 있다. 일단 불안감이 생기면 이대로 가만히 있어도 괜찮을지 걱정하고, 어떻게 해야 할지 몰라 하다가 개선책을 찾지 못하면 괴로움에 빠진다. 그리고 이 상태가 계속되면 그 괴로움에서 벗어나고 싶다는 마음이 앞서서 '불안감 따위는 전부 없어져버렸으면 좋겠다'고 생각하게 된다.

그런데 사실 불안감이 도움이 되는 경우도 많다. 사람은 어떤 불안감을 느끼면 '어떻게든 해야 해'라고 생각하며 구체적인 방법을 찾아 대처하려고 하기 때문이다. 가령 치안이 나쁜 나라로 여행을 가려고 하는 사람이 '혹시 위험한 일을 겪게 되지는 않을까?'라는 막연한 불안감을 느꼈다고 하자. 이 경우에는 어떤 장소에 가면 위험한지, 그 나라에서 해서는 안 될 행동은 무엇인지 등을 조사하면 대부분 불안감이 해소될 것이다. 그 결과 '괜찮을 것 같다'는 결론에 이른다면 '비교적 안전한 장소나 시간대를 고르는 등 충분히 조심만 하면 즐겁게 여행할 수 있을 것 같아'라는 생각이 들면서 불안감이 기대감으로 바뀔 수 있다. 반대로 '너무 위험하다'는 결론에 이른다면 '이곳으로는 여행을 가지 않는 편이 낫겠어'라고 판단하게 될 수도 있다.

그런데 만약에 위험한 상황을 겪게 될 수 있음에도 불안감을 느끼지 않는다면 어떻게 될까? 아무 준비도 하지 않은 채 여행을 떠나게 될 것이다. 물론 아무 일도 없이 여행을 즐기고 돌아올 수도 있지만, 생각지도 못한 위험에 빠지거나 무서운 경험을 하게 될 가능성도 높다.

이처럼 불안감은 부정적인 감각이면서도 단순히 없다고 좋기만 한 것도 아니다. 인간은 '괜찮을까?', '안전할까?'라는 불안감을 느끼면 사전 조사를 확실히 하고 싶어지고, 무모한 행동을 멈추게 된다. 즉, 우리가 위험으로부터 몸을 지키며 하루하루를 안전하게 살 수 있는 것은 불안감이라는 감정 덕택일 수도 있다.

다만 그렇다고 해도 불안감이 위험을 줄이는 데 반드시 도움이 되는 것은 아니다. 불안감을 느껴서 과민해진 탓에 실제로는 별다른 위험이 없는데도 '어떡하지?', '이젠 틀렸어'라는 심정으로 불안한 나날을 보내게 될 수도 있기 때문이다. 이는 화재경보기가 툭하면 오작동해서 시도 때도 없이 경보를 울리는 것과 같다. 불이 난

것도 아닌데 화재경보기가 기온이나 습도가 조금만 바뀌어도 민감하게 반응해 경보를 올린다면 진짜 화재가 났을 때 위험으로부터 사람들을 지키지 못하게 된다.

불안감도 마찬가지다. 지나친 불안감은 도움이 되지 않는다. 직장에서 어떤 실수를 하고 상사에게 미움 받을 수도 있다는 생각에 사로잡힌 경우를 보자. 이런 불안한 마음이 지나치게 강하면 일어난 문제에 냉정하게 대처하는 것이 아니라 상사나 동료에게 연신 죄송하다고 사과하는 데 급급하게 된다. 사과는 문제를 해결하는 데 아무런 도움이 되지 않을뿐더러 문제를 해결한 후에 해도 늦지 않다. 이런 경우 상사는 실수 자체보다 실수에 대처하는 그 사람의 방식에 대해 평가하게 된다. 그러면 상사에게 오히려 배짱 없는 사람이라는 부정적인 인식만 심어주게 될지도 모른다.

불안감과 싸우거나 도망치지 않고도
마음의 평정을 찾는 법

불안감이 지나치게 강하면 마음의 여유가 사라진다. 머릿속에서 큰 비명이 울려 퍼지고 있는 상태라고나 할까? 이렇게 불안감이 너무 강하면 우리는 극단적인 반응밖에 하지 못하게 된다. 위험이 닥쳤다고 느꼈을 때 치열하게 싸우거나 아니면 도망치거나 둘 중 하나의 반응을 보이게 되는 것이다.

　이와 같은 현상을 생리학에서는 '싸우거나 도망치거나 반응fight-or-flight response'이라고 하는데, 위급한 순간 '싸우기' 반응을 선택한 경우에는 평소 볼 수 없던 괴력을 발휘해 싸우게 된다. 이렇게 생각하면 그 반응 자체는 나쁘다고 볼 수 없다. 가령 원시시대에는 살아남기 위해 싸우거나 도망치거나 반응이 반드시 필요했다. 그 시대의 위험의 종류라고 하는 것들은 삶과 죽음을 가르는 문제들이 대부분이었을 것이기 때문이다. 그래서 싸우거나 도망치거나 반응이 나타나야만 목숨을 보전할 가능성이 높았다. 맹수와 마주쳤다면 즉각적으로 '싸우자!' 아니면 '도망치자!' 중 하나를 선택해야지, 우물쭈물하고 있을 시간이 없었을 것이다.

그러나 특수한 직종을 제외하고 21세기를 살아가는 현대인들에게 '위험은 곧 죽음'이라는 공식은 어울리지 않는다. 고작해야 업무 평가에서 낮은 점수를 받는다든가 친구와 사이가 틀어지는 등의 사회적·인간관계적 리스크가 있을 뿐이다. 그런데 문제는 생명에 위협을 느끼지 않는 상황에서도 스트레스를 받으면 싸우거나 도망치거나 반응 스위치가 켜진다는 것이다. 생사가 걸린 절박한 상황이 아닐 때 싸우거나 도망치거나 반응 스위치가 켜지면 상황에 유연하게 대응할 수 없게 된다. '싸우자!', '도망치자!' 같은 극단적인 반응은 사회생활을 할 때 오히려 역효과를 내는 경우가 많다.

예를 들어 직장 상사가 평소와 다름없는 말투로 여러분이 작성한 보고서의 부족한 부분을 지적했을 때 "저를 바보 취급하지 마세요!"라고 고함을 치는 경우와, 반대로 지나치게 소극적인 태도로 '나는 정말 무능해'라고 좌절하면서 아무것도 하지 못하는 경우가 있을 수 있는데, 이런 것도 다 극단적인 반응이다. 이런 반응들은 상사와의 인간관계를 악화시키며, 직장에서의 업무 성과도 크게 떨어뜨린다.

이처럼 싸우는 것도 도망치는 것도 적절한 반응이 아니라면 정답은 무엇일까? 그것은 '적당한 불안감'을 느끼는 것이다. 상사의

지적에 적당한 불안감을 느낀 사람은 '보고서 작성 실력을 향상시켜야겠다'는 동기부여가 될 것이기 때문이다. 그렇게 의욕이 높아진 상태에서 보고서 작성 실력을 향상시키기 위해 노력하면 결국은 보고서 때문에 상사에게 지적받는 횟수가 줄어들고 평가 점수도 점점 높아질 것이다.

다만 문제는 이 적당한 불안감을 갖기가 어렵다는 것이다. 사람은 무슨 일이 있으면 극도의 불안감을 느낄 때가 많으며, 그 결과 화내는 상사가 미운 나머지 싸우려 들거나 반대로 자신을 자책하며 도망치려 하는 경향이 있기 때문이다. 게다가 싸우려는 사람이나 도망치려는 사람이나 자신이 왜 그런 반응을 보이는지 의문을 갖지 않는다. 따라서 자신의 불안감이 이유가 있는 필연적인 불안감인지, 아니면 이유가 없는 지나친 불안감인지를 명확히 구별하는 것이 중요하다.

불안할수록
촉각을 곤두세우자

최근 들어 "딱히 이유도 없는데 가슴이 울렁거려요"라며 이유 없는 불안감을 호소하는 사람이 많아졌다. 이유 없는 불안감이 늘어나는 원인 중 하나는 오감을 편중되게 사용하고 있기 때문이다.

우리의 감각은 시각, 청각, 후각, 미각, 촉각으로 이루어져 있다. 그리고 인간은 시대에 따라 이 오감 중 각각의 사용 비율을 달리해 왔다. 최근에는 텔레비전과 컴퓨터, 스마트폰, 게임 콘솔을 비롯한 IT 기기가 보급되면서 직장에서나 일상생활에서나 시각과 청각을 사용하는 빈도가 급격히 증가했다. 반면 후각, 미각, 촉각 사용 빈도는 상대적으로 줄어들었다.

이 중 촉각은 불안감을 감지하는 데 있어서 결정적인 역할을 한다. 안정감이나 다정함이라는 감정이 촉감 경험을 바탕으로 이루어진다는 것은 이미 많이 알려진 사실이다. 촉각에 문제가 있으면 안정감을 느끼기 어렵다는 연구 결과도 있다. 즉, 불안이라는 감정은 촉각을 통해 깨닫게 되는 것이다. 자연 생태계에서 동물들이 촉각을 통해 위험을 감지하고 먹잇감을 포착하는 모습에서도 이를 확인할 수 있다.

현대인들은 촉각 사용 빈도가 감소하고 있다. 그에 따라 위험을 감지하는 감도가 떨어지고 있다. 그래서 미래의 위험 요소에 대해 눈치 채지 못하는 사람이 많아지고 있는 것이다. 그 결과 미래의 위험 요소에 대해 적절하게 대처하지 못해 방치하게 되고, 눈치 채지 못한 불안감이 계속 쌓이게 된다. 불안감이 쌓이고 쌓이면 결국 아무리 촉각의 감도가 떨어진 경우라도 불안감을 느낄 수밖에 없게 된다. 그렇게 쌓인 불안감은 만성적 불안감이 되어 끊임없이 자신을 괴롭히지만 본인은 정작 그 이유를 알지 못한다. 이렇게 장기간에 걸쳐 쌓인 불안감은 위험하다. 극도의 불안감으로 발달할 수도 있어 스스로 감당하기 어려운 상태가 되기 때문이다.

이유를 알 수 없는 불안감이 쌓이지 않게 하기 위해서는 일단은 촉각의 감도를 높이는 것이 중요하다. 촉각의 감도가 높아지면 불안감을 느낄 때 금방 깨닫게 되고, 적절하게 대처할 수 있게 되기 때문이다. 평소에 촉각의 감도를 높여서 그때그때 불안감을 해소해 나간다면 한결 마음이 가벼워질 것이다.

촉각의 감도를 높이는
퀵 마인드풀니스 테크닉

촉각의 감도를 높여 불안감을 해소하는 구체적인 방법을 소개하
겠다. 이 6단계 테크닉을 일상생활에서 실천해보면 마음이 차분해
지고 판단력도 향상된다는 것을 느낄 수 있을 것이다. 꼭 활용하고,
수시로 실천해보길 바란다.

★ 촉각의 감도를 높이는 퀵 마인드풀니스 테크닉

1. 천천히 오른손에 주먹을 힘껏 쥔다(10초 정도).

2. 천천히 왼손에 주먹을 힘껏 쥔다(10초 정도).

3. 양쪽 주먹의 힘이 같아지도록 관찰하며 조정한다(10초 정도).

우리는 강한 불안감을 느끼면 자기도 모르는 사이에 양손을 힘
껏 쥘 때가 많은데, 그러면서도 힘껏 주먹을 쥐고 있다는 것을 거의

느끼지 못한다. 촉각의 감도가 떨어졌기 때문이다. 그래서 의식적으로 주먹을 쥐고 그와 동시에 촉각을 관찰하는 훈련을 하는 것이다. 반복해서 훈련을 하면 촉각의 감도가 높아진다.

다만 무작정 힘껏 주먹을 쥐기만 해서는 불안감과 싸우게 된다. 이렇게 싸우거나 도망치거나 반응이 계속되면 적절하게 대처하지 못하게 된다. 세상을 바라보는 관점도 흑백논리에 갇히게 되며, 말과 행동도 극단으로 치닫기 쉽다.

싸우거나 도망치거나 반응을 완화시키고 세상에 흰색 아니면 검은색만 있는 게 아니라 회색도 있다는 것을 알 필요가 있다. 다음은 이를 위한 단계다.

4. 오른쪽 주먹의 힘을 절반으로 줄인다(10초 정도).
5. 왼쪽 주먹의 힘도 절반으로 줄인다(10초 정도).
6. 그 상태로 양쪽 주먹의 힘이 같아지도록 관찰하며 조정한다(30초 정도).

주먹을 쥐었던 힘을 빼면 싸우거나 도망치거나 반응이 약해지고 경직되었던 마음도 유연해진다. 처음에는 주먹의 힘을 어느 정도나 줄이면 되는지 감이 안 잡히고 어설프게 느껴질지도 모른다. 그러나 계속 반복하다보면 그 정도를 알게 되고 익숙해지게 된다. 세상을 바라보는 관점도 흑백논리에서 회색과 다른 색도 볼 정도로 시야가 넓어진다. 불안감이 느껴지더라도 '좋다', '싫다'라는 판단

수많은 책을 읽어도 보고 병원도
다녀봤지만… 이 책에서 말하는
방법은 아주 간단하고 명쾌하다.

"불안할 땐 그냥 주먹을 쥐라고?
설마 이게 된다고?"

이 개입되지 않은 중립적인 자세로 그 불안감을 관찰할 수 있게 된다. 그 결과 마음이 편안하고 충만한 상태를 유지할 수 있게 된다.

자신의 마음을 충만한 상태로 유지할 수 있으면 강한 불안감이 들더라도 그 불안감에 거의 휘둘리지 않게 된다. 불안감이 쌓이지도 않게 되며, 괴로움도 해소된다.

나는 1부터 6단계에 이르는 이 일련의 과정에 '퀵 마인드풀니스 테크닉'이라는 이름을 붙였다. 이 퀵 마인드풀니스 테크닉을 일상생활에서 실천해나가면 만성적인 불안감이나 흥분을 차분하게 가라앉힐 수 있게 된다. 뭐라 설명하기 힘든 편안함을 느끼는 시간도 늘어날 것이다.

이 테크닉의 효과를 최대한 높이기 위해서는 단계 하나하나를 천천히, 그리고 주의 깊게 진행하는 것이 좋다. 불안감을 없애고자 하는 의식이 앞서서 긴장하거나 서두르게 되면 주먹을 쥐는 힘을 관찰하는 데 소홀해져 효과가 나지 않는다. 천천히, 그리고 주의 깊게 주먹을 쥐는 힘을 관찰하면서 각 단계를 진행하는 것이 중요하다. 그러면 짧은 시간 안에 마음이 충만한 상태가 되며, 그 효과도 커진다.

일반적으로 마음이 충만한 상태로 만들기 위해서는 호흡을 동반하는 촉각을 관찰하는 방법을 이용한다. 이 또한 분명 촉각의 감도를 높이는 방법이며, 불안감을 가라앉히는 데 효과가 있다. 그러나 호흡을 이용하는 마인드풀니스 테크닉은 너무 강한 불안감에 대처하기에는 적합하지 않다. 호흡을 동반하는 촉각이 불안감에 비해 지나치게 약해서 묻혀버리는 탓에 촉각을 관찰하기가 어렵기 때문이다.

이 책에서 제안하는 퀵 마인드풀니스 테크닉과 호흡을 이용하는 마인드풀니스 테크닉의 결정적인 차이는 주먹을 힘껏 쥠으로써 감각을 강하게 만든다는 데 있다. 그래서 불안감이 심하게 느껴지더라도 쉽게 손에 쥔 힘을 관찰할 수 있다. 강한 감정이 들어도 감정이 충만한 상태를 유지하기 쉬워서 냉정하게 대처할 수 있게 된다. 실제로 상담 현장에서 퀵 마인드풀니스 테크닉을 한 후 "불안감이 줄어들었어요", "가슴 울렁거리던 게 사라졌어요", "가슴에 뭔가 묵직한 게 있었는데, 그런 느낌이 사라지고 마음이 편해졌어요"라는 말들을 많이 한다.

이 퀵 마인드풀니스 테크닉의 특징은 주변 사람들을 신경 쓰지 않고 언제 어디서나 필요할 때 할 수 있다는 점이다. 익숙해지면 지하철이나 직장에서도 쉽게 할 수 있다. 만약 이유 없이 불안한 마음이 든다면 퀵 마인드풀니스 테크닉을 실천해보기 바란다. 그리고 이 방법을 이용해 불안감을 수시로 해소해나가자.

가슴이나 목의 울렁거림은
불안감이 보내는 신호

강한 불안감을 호소하는 사람 중에는 "가슴이나 목구멍에서 울렁 거리는 느낌이 드는데, 진정이 잘 되지 않아요"라고 말하는 사람이 많다. 또 불안할 때 가슴이나 목에 손을 갖다 대는 사람이 많은데, 이는 불안을 가라앉히기 위해 본능적으로 하는 행동이다.

이런 본능적인 행동을 역으로 이용하면 불안감을 가라앉힐 수 있다. 바로 본능적인 행동과 퀵 마인드풀니스 테크닉을 조합하는 것이다.

★ 불안감을 가라앉히는 방법

1. 천천히 오른손에 주먹을 힘껏 쥔다(10초 정도).

2. 천천히 왼손에 주먹을 힘껏 쥔다(10초 정도).

3. 양쪽 주먹의 힘이 같아지도록 관찰하며 조정한다(10초 정도).

4. 오른쪽 주먹의 힘을 절반으로 줄인다(10초 정도).

5. 왼쪽 주먹의 힘도 절반으로 줄인다(10초 정도).

6. 그 상태로 양쪽 주먹의 힘이 같아지도록 관찰하며 조정한다(30초 정도).

7. 그 상태로 가슴에 주먹을 가볍게 대고 촉각을 관찰한다(10초 정도).

8. 목에 주먹을 가볍게 대고 촉각을 관찰한다(10초 정도).

불안감이 느껴지는 신체 부위, 예를 들면 가슴이나 목 등에 손을 갖다 대면 더 쉽게 관찰할 수 있다. 1단계부터 6단계까지만 하는 것보다 훨씬 효과적으로 불안감을 해소할 수 있다.

"손에 얼만큼 힘을 줘야 하는 거지?
세게 쥐었더니 손톱 자국이…
손톱도 보라색으로 변했어."

"규칙적으로 뛰는 맥박을 느끼고 있으니
마음이 가라앉는 것 같아.
음~ 효과가 있네~"

지나치게 완벽하려고 하면
불안감이 커질 수밖에!

완벽을 추구하며 최고의 성과를 내려고 애쓰는 사람은 좋게 보면 발전 욕구가 강한 것처럼 비친다. 그러나 타협이라고는 전혀 하지 않고, 일이 조금만 자기 뜻대로 되지 않아도 평정심을 잃을 정도라면 이는 주객이 전도된 상황이라 할 수 있다. '내 생각대로 되지 않으면 어쩌지?'라는 생각과 함께 불안감도 커져서 오히려 성과가 나질 않게 된다.

그런 사람은 자기 마음속에 있는 이상과 실제 현실을 자꾸 비교하기 때문에 현실에서 만족감을 얻기가 좀처럼 쉽지 않다. 무엇을 하든 마음에 안 들어 하는 것이다. 그리고 이상과 현실이 다르다는 사실에 크게 짜증을 느끼며 '나는 왜 이렇게 무능하지!'라고 자신을 책망하기도 한다. 다른 사람 눈에는 충분히 잘한 일도 자기 자신은 평가절하를 하는 경향이 있다. 그러다 보니 자신감도 잃게 되고,

자신의 무능함을 탓하며 절망하는 경우도 있다.

이처럼 자기 마음속에 있는 이상이 너무 높으면 본래 느낄 필요가 없는 불안감까지 느끼게 된다. 이것이 바로 이유 없이 불안감을 느끼게 되는 중요한 원인 중 하나다.

이런 강한 불안감을 줄이는 가장 좋은 방법은 자신의 이상을 낮추는 것이다. 한마디로 '뭐, 이게 바로 현실이지'라고 느끼고 인정할 필요가 있는 것이다. 마음속의 이상에 얽매이지 않고, 대신 눈앞에 보이는 결과를 더 좋은 방향으로 변화시키기 위해 집중하는 것이다. 현실을 지금보다 더 발전되게 만들 수 있는 게 있다면 그게 무엇일지 고민하고, 현실적인 발전 욕구를 갖는 것이 중요하다.

다만 사람의 사고방식은 훈련을 한다고 해서 금방 바꿀 수 있는 것이 아니다. 그러니 일단은 현실적인 대처법으로서 강한 불안감, 이유 없는 불안감이 생길 때마다 퀵 마인드풀니스 테크닉을 해서 그때그때 불안감을 해소하는 것이 중요하다.

"그동안 나를 바꿔야 한다는
말만 들었었는데,
이 책에서는 그때그때
불안감을 해소하는 방법을 알려주네?"

"단순하면서도 지금 당장 불안한 마음을
가라앉힐 수 있다는 게 맘에 들어.
나를 바꾼다는 건 진짜 어려운 일이니까…"

불안감에 잠 못 드는 밤,
잠 못 들어 불안한 밤

불안감은 수면에도 지대한 영향을 끼친다. 불안감이 강해지면 마음을 편안하게 먹으려고 해도 그렇게 할 수가 없어서 좀처럼 잠을 이루지 못하게 되고, 어렵게 잠들었다가도 한밤중에 자꾸 눈을 뜨게 된다. 그 결과 수면의 질이 나빠지고, 집중력도 떨어진다. 이런 경우는 대부분 낮에 하는 활동에 지장을 초래하게 된다. 이처럼 불안감 때문에 잠 못 이루는 밤이 계속된다면 어떻게 해야 할까?

이런 경우 보통은 생활 리듬을 잘 지키고 적당히 운동을 하라고 조언한다. 또 마음에 부담을 줄 만한 스트레스를 최대한 줄이는 것도 좋은 방법이다. 가령 만나면 피로감을 주는 사람과 약속이 잡혀 있는 경우라면, 과감하게 그 약속을 취소하는 것이다. 약속을 취소하기만 해도 스트레스가 줄어들고 마음이 편안해지는 것을 느낄 수 있을 것이다. 평상시 같으면 컨디션이 안 좋아서 약속이 부담스러워도 상대방에게 미안해서라도 약속을 취소하지 못할 테지만 불안감이 들고, 그 불안감으로 밤에 잠도 이루지 못할 정도라면 때로는 그렇게 과감해질 필요도 있다.

이런 방법들을 실천했을 뿐인데 상상 이상으로 몸과 마음이 편안해졌다고 말하는 사람들이 있을 정도니 효과를 보게 될 것이다.

다만 이런 일반적인 방법을 실천해도 좀처럼 수면의 질이 개선되지 않는다면 이유 없는 불안감이 영향을 끼치고 있을 가능성이 높다고 할 수 있다.

이유 없는 불안감이 원인이 돼서 잠을 이루지 못하는 나날이 계속되면 취침 시간이 가까워질수록 잠들지 못하는 데 대한 불안감이 커진다. 그리고 잠을 자야 한다는 생각을 계속하면 신경이 곤두서게 되고, 억지로 잠을 자려고 애쓰다보면 몸에도 힘이 들어가게 된다. 바로 싸우거나 도망치거나 반응이 나타나는 것이다. 머리로는 이런 사실들을 알고 있지만 해결책을 찾지 못해 불면의 밤이 계속되고, 불안감이 더 큰 불안감을 만들어서 더욱 잠들지 못하게 되는 악순환에 빠지고 만다.

이럴 때는 퀵 마인드풀니스 테크닉을 이용해서 잠을 이루지 못하는 데 대한 불안감이나 스트레스를 완화시켜보자. 퀵 마인드풀니스 테크닉은 간단해서 아무것도 아닌 것처럼 보일 수도 있지만 일단 해보면 불안감을 느끼는 그 순간의 감정을 다스리는 데 효과적이라는 것을 알게 될 것이다.

불안감을 누그러뜨리면 악순환을 끊을 수 있으며, 그러면 자기도 모르게 잠에 빠져들게 된다. 밤에 불안감 때문에 좀처럼 잠이 오지 않을 때 꼭 실천해보기 바란다.

강한 불안감이 계속되면 그 불안감 자체가 큰 스트레스가 된다. 자기도 모르게 '나 같은 사람에게 좋은 일이 일어날 리 없잖아!'라고 비관적으로 생각하게 되고, 기분도 우울해지기 쉽다. 강한 불안감과 우울함은 한 쌍으로 움직일 때가 많은데, 이럴 때도 퀵 마인드풀니스 테크닉을 이용하면 평소의 불안감이나 우울함을 줄이고 나아가 마음이 편안해지게 된다.

나도 모르게 길들여지는
마음의 습관

불안감을 느끼는 방식은 사람마다 다르다. 어떤 특정한 상황에서 불안감을 느끼는 사람이 있는가 하면, 그렇지 않은 사람도 있다. 같은 상황일지라도 사람에 따라 각자 다르게 느끼는 것이다. 이렇듯 사람마다 생각하고 느끼는 자신만의 '마음의 습관'이 있기 마련이다.

그렇다면 마음의 습관이란 대체 무엇일까? 그것은 어려서부터 경험하고 배우면서 몸에 밴, 자신 또는 타인에 대한 고유한 감정이다. 예를 들어, 어렸을 때 부모님에게 자주 꾸중을 들은 사람이라면 '어른들은 내가 뭘 하든 혼부터 내'라는 감정이 마음속에 뿌리 내리고 있을 수 있다. 그리고 그런 마음의 습관이 일단 고착화되면 사고마저 경직돼서 부모님과 비슷한 연배의 어른들은 다 부모님처럼 생각할 거라 여기게 된다. 그런 생각은 어른이 되어서도 사라지지 않는데, 부모님과 같은 연배의 사람을 보면 왠지 모르게 그들이 자신을 혼낼 것 같다는 생각을 하게 되고, 그 생각만으로도 과하게 불안감을 느끼게 된다. 게다가 부모님에게 혼났을 때의 기억이 어제의 일처럼 되살아나 더 괴로워지는 경우도 있다.

또 어려서 가까이 지냈던 주변 사람들이 당연하다고 여겼던 것들과 그들이 상식이라고 여겼던 것들이 자신에게 투영되어 마음의 습관으로 남는 경우도 있다. 특히 부모님이나 친척, 학교 선생님 등의 영향이 크며, 어떤 시대에, 어느 지역에서, 어떤 문화적 경험을 하며 성장했는지도 큰 영향을 미친다. 어린 시절, 자신이 어떤 환경에서 살아왔는지를 한번 떠올려보자.

마음속에 당연한 것으로 각인된 마음의 습관이 자신에게 불필요한 강박이 되어 불안감을 만들어내는 경우도 많은데, 이 '각인되었다'라는 사실을 깨닫기만 해도 빗장이 잠긴 듯 단단했던 마음의 습관이 느슨해지게 돼 있다.

오늘의 불안감은
과거의 불쾌했던 경험에서
시작된다

과거의 기억에 매달린들
좋을 것이 없다

불쾌한 과거의 기억은 누구에게나 있기 마련이다. 그 기억을 곧바로 잊어버린다면 다행이지만, 과거의 불쾌했던 사건이 기억 속에 선명하게 남아 수시로 떠오르는 바람에 고통 받는 사람이 의외로 많다.

'고등학교 다닐 때 K 선생한테서 기분 나쁜 말을 자주 들었었는데….'

이렇게 떠오른 단편적인 기억 한 장면이 도화선이 돼서 불쾌한 기억들이 연속적으로 떠오를 때가 있다.

'OO라는 말도 들었고, 생각해 보니 △△라는 말도 들었어', 'K 선생뿐만 아니라 S라는 놈도 옆에서 같이 비웃었지. 절대 용서 못해!', '그런데 나한테 뭔가 문제가 있었던 건지도 몰라', '나한테 문제가 있으니까 다들 나를 싫어했겠지!' …. 이런 식으로 과거의 장면이나 생각, 감정이 한없이 되살아나는데, 그러다 보면 기분은 최악으로 치닫게 된다.

괴로웠던 과거를 떠올리는 데 꽤 많은 시간을 허비하는 경우도 있다. 아무것도 못하고 그저 과거의 문제로 끙끙 앓는 때도 있다. 그러나 이런 불쾌한 과거의 일에 사로잡히는 것은 시간 낭비, 그 이상도, 이하도 아니다. 더는 만날 일 없는 사람에 대해 '절대 용서 못해!' 같은 감정을 품거나 반대로 '사과했어야 했는데, 미안하네' 같은 생각에 몰두하는 것은 무익한 일이다. 설령 그 사람을 만난다 해도 상대방은 과거의 그 일을 까맣게 잊고 있을지도 모른다. 더는 만날 일 없는 상대방과의 과거는 소환한들 의미가 없는 것이다.

그러나 '상대가 잊었으니 나도 잊자'라고 생각할 문제도 아니다. 자기 마음에 불쾌한 감정이 강하게 남아 있는 이상, 그 문제는 아직 끝나지 않은 현재진행형인 사건이기 때문이다. 과거의 그 일로 인해 다른 사람을 만날 마음이 생기지 않거나 새로운 일에 몰두할 의욕을 잃는 등 현재의 생활이나 업무가 영향을 받고 있고, 혼자 아무것도 하고 있지 않을 때 여전히 불쾌한 기억이 되살아나는 등 악순환이 계속되는 것만 봐도 그렇다. 좋은 기억이라면 잠시 그리운 추억에 잠겨보는 것도 좋을 것이다. 그러나 과거에 이미 지나가버린 불쾌한 기억을 끄집어내 언제까지고 고민할 필요는 없다.

실패한 과거의 기억을
현재에 도움이 되는 기억으로!

그렇다면 왜 기억해내지 않아도 될 과거의 불쾌한 기억이 거듭해서 되살아나는 것일까? 그 이유는 좋은 기억이든 나쁜 기억이든 상관없이 강한 감정을 동반한 경험은 뇌에 깊이 각인되기 때문이다. 불쾌한 기억만 반복해서 떠오르는 것은 아니다. 우리의 기억은 '과거의 사건 + 감정'이라는 형태로 뇌에 기록된다. 즉, 강한 감정이든 약한 감정이든 뇌에 각인되지만 약한 감정을 동반하는 경험은 얕게 기억되기 때문에 잘 되살아나지 않는 것뿐이다.

2001년 9월 11일, 미국 뉴욕의 세계무역센터 쌍둥이 빌딩과 워싱턴의 미국 국방부 건물이 이슬람 무장단체에 의해 동시다발로 자살 테러 공격을 당했다. 그런데 이후 그 사건 현장에 있었던 사람이 아닐지라도 그날의 사건에 관해서는 물론이고, 당시 자신이 어떤 행동을 했었는지까지 기억하는 사람들이 많다. 이는 그 사건이 사람들의 감정에 강한 자극을 줘 뇌에 깊게 각인되었기 때문이다. 이와 같이 자신이 직접 고통을 받지는 않았더라도 감정적으로 강한 자극을 받은 사건은 기억에 강하게 남는다. 하물며 자신이 직접 경험하고 강한 감정을 동반했던 사건이라면 말할 것도 없다. 강한 자극을 동반했던 경험이 세월이 흘러도 잊히지 않고 수시로 떠오르는 것은 지극히 당연한 일이다.

그러나 과거의 불쾌했던 기억이 꼭 백해무익한 것만은 아니며, 끝까지 부정적으로 작용하는 것만도 아니다. 그렇다면 과거에 같은 실패를 반복해서 했고, 그 기억이 자꾸 되살아나는 경우, 그 기억이 현재의 내게 부정적으로 작용하지 않게 하려면 어떻게 해야 할까?

중요한 것은 먼저 실패한 자신을 책망하지 않는 것이다. 자신을 책망해봤자 더 괴롭기만 할 뿐이다. 그보다는 과거의 실패를 통해 얻는 것이 있어야 한다.

같은 실패를 거듭한다는 것은 그 일을 대하는 자신만의 고유한 방식이 존재했기 때문일 것이다. 자신만의 그 고유한 방식이 무엇인지 깨닫기만 해도 현재의 실패를 줄일 수 있다. 예전과 비슷한 일을 앞두고 실패할 것 같을 때 '이대로라면 또 실패할 거야'라고 바로 깨닫는다면 그 일을 예전과 같은 방식으로 대하지는 않을 수 있기 때문이다.

자신만의 대응 방식을 깨달았다면 '어떻게 하면 실패를 줄일 수 있을까?' 하고 자문하면서 아이디어를 내보도록 한다. 이런 식으로 불쾌했던 과거의 기억을 떠올리는 데서 그치지 않고 그 기억을 반추해 실패의 원인을 찾아내고, 실패를 줄이기 위한 아이디어들을 떠올려 실천하면 예전과 똑같은 실수는 더 이상 하지 않을 수 있게 된다.

예를 들어 상대방의 말과 행동에 화가 나서 흥분하게 되면 참지 못하고 꼭 상대방에게 공격적인 말을 퍼붓고 나중에 후회하는 것이 자신의 패턴이라는 것을 깨달았다고 가정해보자. 이렇게 실패의 유형을 깨달았다면 그 다음에는 대책을 궁리하면 된다. '다음에 또 흥분하기 시작하면 아예 말을 하지 말자', 혹은 '가능하면 일찍 그 자리를 뜨자'라고 다짐하는 등 몇 가지 행동 계획을 세우는 것이다. 그리고 실제로 그 순간이 닥쳤을 때 새로운 방식으로 대응하면 된다. 그렇게 하면 전처럼 상대방과 마찰을 빚을 일도, 나중에 후회하는 일도 크게 줄어들게 된다. 이런 식으로 과거의 불쾌한 기억을 현재의 자신에게 도움이 되도록 만들 수 있다.

지금 보고, 듣고,
만지고, 느끼는 것에 집중하기

단, 위와 같은 대처법을 알고 있더라도 불쾌한 감정이 너무 강하면 그 순간 자기가 생각한 대로 대응하기가 어렵기 마련이다. 그런 까닭에 마음을 전환하는 방법을 미리 익혀둘 필요가 있다.

과거의 불쾌한 기억이 되살아나 그 감정이 아주 강해졌을 때의 기본적인 대처법은 아주 간단하다. 자신의 마음을 과거의 기억에서 현재 일어나고 있는 일로 전환하는 것이다. 그 대표적인 방법으로는 자신의 오감에 의식을 집중하는 방법이 있다. 지금 자신이 눈으로 보고 있는 것, 귀로 듣고 있는 것, 코로 맡고 있는 것, 입으로 맛보고 있는 것, 그리고 몸으로 느끼고 있는 것에 의식을 집중하는 것이다. 이렇게만 해도 과거의 불쾌한 기억이 상당히 희미해진다.

불쾌한 어떤 기억이 되살아날 때 사람의 뇌는 무의식중에 과거의 다른 기억까지 떠올린다. 그 상황을 그대로 방치하면 불쾌한 기분이 계속 이어진다. 따라서 자신이 과거의 기억을 떠올리고 있다는 사실을 깨달았다면 마음의 방향을 과거의 기억에서 지금 이 순간으로 전환하는 것이 중요하다.

처음에는 훈련이 조금 필요할 수 있다. 과거의 기억에 사로잡혀 있으면서도 그 사실을 깨닫지 못할 때가 있기 때문이다. 계속 자신의 상태를 깨닫지 못하면 어느 새 불쾌한 기분이 강해지면서 마음의 여유가 사라지기 때문에 적절히 대처하기가 어렵다. 그러나 조금 일찍 자신의 상태를 깨달을 수 있다면 아직 마음에 여유가 남아 있으므로 지금 이 순간으로의 전환이 가능하다. 과거의 기억으로 인해 불쾌한 기분이 들 때 이 깨닫기와 마음을 전환하는 법을 수시로 실행한다면 과거를 회상하는 데서 벗어나 현재를 관찰할 수 있게 된다.

'또 옛날 일로 기분이 불쾌해졌군.'

▼

'그러면 의식의 방향을 과거의 기억에서
지금 이 순간으로 바꿔보자.'

▼

'내 눈앞에 지금 뭐가 보이지?

무슨 소리가 들리지?

무슨 냄새가 나지?

몸의 감각은 어떻지?

기분이 좋은가? 어디가 아픈가?

따뜻한가? 추운가?'

이런 훈련을 계속하면 자신이 과거의 기억에 사로잡혀 있다는 사실을 깨닫는 속도가 빨라진다. 또한 오감에 대한 집중력도 높아지고 마음을 과거에서 현재로 전환하는 것도 원활하게 할 수 있게 된다.

때로는 단순한 일을 통해
머리를 쉬게 하자

오감에 집중해 마음의 방향을 지금 이 순간으로 향하게 하는 방법은 언제 어디에서나 부담 없이 할 수 있다는 이점이 있다. 그러나 불쾌한 기분이 지나치게 강할 경우 이 방법으로는 현재의 감각에 집중하기 어려울 수도 있다. 그럴 때는 좀 더 능동적이고 효과적인 방법을 권하는데, 다름 아니라 단순 작업에 몰두하는 것이다.

골치 아픈 일들 때문에 신경이 곤두서 있다가도 설거지나 걸레질 등 집안일을 하고 난 후에 보면 어느 샌가 아무 생각도 들지 않고 기분도 개운해진 경험을 해본 적이 있을 것이다. 이처럼 단순히 수동적으로 관찰하는 데서 그치지 않고 능동적으로 단순 작업에 몰두하다보면 집중력이 높아질 때가 많다. 과거의 기억 때문에 기분이 불쾌해졌을 때도 눈앞에 있는 일을 담담하게 처리해 나가다 보면 기분이 상쾌해질 것이다.

"불안감 때문에 괜히 몸이 고생이 많네!
단순한 일로 머리 좀 식혀야지 …"

"주먹을 힘껏 쥐라고 하는 것도
이런 이치구나!"

이때 중요한 것은 단순 작업일지라도 정성껏 마음을 다해서 하는 것이다. 어설픈 마음가짐으로 대충대충 작업하면 집중력이 떨어져서 불쾌한 기분이 계속 이어지기 쉽다. 정성을 들인다는 마음으로 집중해서 임하면 좋은 의미에서 과거의 기억을 떠올릴 틈이 없어지고 기분도 편해진다.

여기서 소개한 대처법의 공통점은 지금 이 순간에 의식을 향하도록 해 집중력을 높인다는 것이다. 그런데 이런 단순 작업은 기분을 전환하는 데도 유용할 뿐만 아니라 활동 성과를 높이는 데도 도움이 된다.

사업을 막 시작했을 무렵 사업이 안정 궤도에 들어설 때까지 단순 작업 아르바이트를 병행한 개인 사업가가 있었다. 그는 후에 사업에서 성과가 나고 안정기에 들어서 더 이상 아르바이트를 할 필요가 없어졌는데도 아르바이트를 바로 그만두려고 하지 않았다. 단순 작업 아르바이트가 수입 측면에서뿐만 아니라 또 다른 측면에서도 유용하다고 느꼈기 때문이다. 그는 아르바이트로 단순 작업을 하다보면 어느 새 골치 아픈 일들로부터 머리가 맑아지는 경험을 했다고 한다. 덕분에 집중력이 높아져서 사업에 관한 중요한 결정을 할 때나 일을 할 때 순조롭게 진행할 수 있었다는 것이다. 자기 사업을 하면서 실수도 줄어들었고, 설령 실수를 하더라도 그 일을 계속 마음에 담아두고 끙끙 앓는 일이 사라졌다고 한다.

아르바이트 때문에 본업에 투자할 시간이 줄어든다는 문제도 있었지만 얻는 것이 그 이상으로 많았던 까닭에 정말 바빠져서 도저히 시간을 낼 수 없을 때까지 그는 아르바이트를 계속했다. 규칙적인 생활과 단순 작업이 본업에서 성공할 수 있는 토대를 만들어주었던 것이다.

물론 그가 맛본 기분을 그대로 흉내 낼 수는 없겠지만, 두 가지 관점에서 참고할 수는 있을 것이다.

첫째, 정해진 시간에 자고 정해진 시간에 일어나는 규칙적인 생활을 했다는 것이다.

둘째, 매일 단순 작업에 몰두하는 시간을 가졌다는 것이다.

사람은 이 두 가지 요소를 통해 매우 효과적으로 기분 전환을 하고, 활동력을 높일 수 있다. 이 두 가지를 실천해보면 불쾌한 과거의 기억에 시달리는 일 없이 좋은 컨디션을 유지할 수 있게 될 것이다. 여러분도 이 두 가지를 생활에 도입해보길 권한다.

그렇다고 기분 전환을 하기 위해 의식을 지금 이 순간의 오감으로 향하도록 하는 것이 모두에게 효과적인 것은 아니다. 내향적이고 집에서 나오기 싫어하는 성향이 있는 사람에게는 적합하지 않을 수도 있다.

그런가 하면 원래 외향적이고 활동적인 사람에게도 역효과가 나는 경우가 더러 있을 수 있다. 활동적인 사람들은 대부분 "휴일이라고 집에서 아무것도 안 하고 있는 것보다 바쁘게 일하는 편이 훨씬 마음 편해"라는 말을 입버릇처럼 달고 산다. 그래서 휴일에도 일을 하는 경우가 많고, 그게 아니면 친구를 만나거나 영화를 보거나 쇼핑을 하는 등 개인적인 일정을 줄줄이 잡는다. 직장에서 스트레스를 많이 받아 지친 나머지 휴일이 오기만을 기다리는 사람 눈에는 그런 사람이 가진 에너지가 부러울지도 모른다. 그러나 일도, 사생활도 항상 바쁜 사람이 반드시 지칠 줄 모르는 철인이고, 꼭 만족스러운 생활을 하고 있는 것은 아니다. 사실은 피곤해서 쉬고 싶지만, 일정이 비어 있으면 자기도 모르게 자신을 바쁜 상황으로 몰아넣는 경우가 많은 것이다.

그런 사람들은 왜 쉬고 싶어 하면서도 바쁘게 자신을 몰아붙이는 것일까? 그것은 활동이 줄고 한가해지는 순간, 과거의 기억이 되살아나 불쾌한 기분에 사로잡히게 된다는 것을 본능적으로 알고 있기 때문이다. 그래서 쉴 새 없이 일하고 움직임으로써 간신히 과거의 기억으로부터 자신을 지키고 있는 것이다.

그러나 휴식 없는 생활은 몸에도, 마음에도 큰 부담을 줄 수밖에 없다. 이렇게 쉴 틈 없이 일하는 경향이 있는 사람이 과거의 기억이 되살아나 괴로운 상황이라면 이렇게 단순 작업에 도전해보는 것 외에 다음에 소개할 '괴로운 과거의 기억을 지우는 방법'도 함께해보기를 권한다.

두더지 잡기 게임처럼
불안감을 그때그때 없애는 법

사람을 쉬지 못하게 만드는 과거의 괴로운 기억을 지워버리려면 과거의 괴로운 감정과 정면으로 마주할 필요가 있다.

그 대표적인 방법 중 하나가 인지행동요법인 '폭로 요법'이다. 폭로 요법은 의도적으로 과거의 괴로웠던 장면과 마주함으로써 현재의 불안감을 치료하는 기법이다. 이때 중요한 것은 지나치게 부담을 느끼지 않도록 진행 속도를 조절하는 것이다. 괴로운 과거의 기억을 지워버리고 싶다는 마음이 앞선 나머지 무리를 하는 사람도 많다. 무리하게 괴로운 감정과 마주하면 더 괴롭기만 할 뿐이다. 오히려 괴로운 감정과 마주한 것이 도화선이 되어 다른 불쾌한 기억까지 되살리게 될 수도 있다. 무작정 과거의 기억과 마주하면 역효과가 나기 쉬우므로 무리하지 말고 마음에 여유를 갖고 하는 것이 중요하다.

이미 소개한 퀵 마인드풀니스 테크닉은 마음에 부담을 거의 주지 않으면서 괴로운 과거의 기억을 지워버리는 데 매우 효과적이다. 다음은 퀵 마인드풀니스 테크닉을 활용해 괴로운 과거의 기억을 지우는 방법이다.

★ 괴로운 과거의 기억을 지우는 방법
1. 과거의 불쾌한 기억이 떠오르면 그 감정의 강도를 0부터 10까지의 숫자로 수치화한다.

자신이 지금껏 느껴본 괴로운 감정 중 가장 강한 감정을 10점으로 놓고, 그 강도가 절반이면 5점, 전혀 괴롭지 않았다면 0점으로 놓는다. 그리고 지금 느끼고 있는 감정의 강도에 점수를 매긴다. 이렇듯 수치화하면 감정을 객관적으로 바라볼 수 있게 된다.

점수를 정확하게 매겨야 한다는 생각에 부담감이 들 수도 있지만 너무 어렵게 생각할 필요 없다. 중요한 것은 그 점수가 정확한가 아닌가가 아니라 감정을 수치화함으로써 감정을 객관적으로 바라보도록 촉진하는 것이기 때문이다.

2. 천천히 오른손에 주먹을 힘껏 쥔다(10초 정도).
3. 천천히 왼손에 주먹을 힘껏 쥔다(10초 정도).
4. 양쪽 주먹을 쥐는 힘이 지금 느끼고 있는 감정의 강도를 웃돌게 한다.

처음에는 주먹을 쥐는 힘과 감정의 강도를 어떻게 비교해야 할지 몰라 당혹스러울 수도 있다. 그런데 주먹을 쥐는 힘도, 감정의 강도도 모두 감각이므로 각자 그 기준을 정하면 되고, 몇 번 하다보면 곧 쉽게 비교할 수 있게 된다.

5. 양쪽 주먹의 힘이 같아지도록 관찰하며 조정한다(10초 정도).
6. 오른쪽 주먹의 힘을 절반으로 줄인다(10초 정도).
7. 왼쪽 주먹의 힘도 절반으로 줄인다(10초 정도).
8. 양쪽 주먹의 힘이 같아지도록 관찰하며 조정한다(30초 정도).
9. 감정의 강도를 다시 수치화하고, 처음의 수치와 비교해본다.
10. 감정의 강도가 2 이하로 떨어지지 않았다면 2단계부터 다시 반복한다.

위의 과정을 진행하다보면 과거에 느꼈던 감정을 좀 더 객관적으로 바라볼 수 있게 되면서 그 감정으로부터 해방되게 된다. 4단계에서는 감정의 강도를 웃돌 정도로 주먹에 힘을 줌으로써 감정의 강도와 주먹을 쥐는 힘을 비교하게 되는데, 이런 비교는 자신이 느낀 감정에 대해 '좋다', '싫다'라는 판단 없이 객관적으로 바라볼 수 있게 한다. 이것이 퀵 마인드풀니스 테크닉의 가장 큰 특징이다.

보통은 괴로운 과거의 기억이 되살아나면 싸우거나 도망치거나 반응을 보이기 쉽다. 그러나 퀵 마인드풀니스 테크닉을 이용하면 싸우거나 도망치거나 반응에 빠지지 않고 유연하면서 넓은 시야를

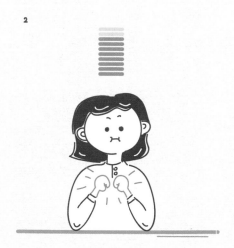

유지할 수 있게 된다.

또한 뇌에 깊이 축적된 과거의 기억에도 변화가 일어난다. 앞에서 말했듯이 괴로운 기억은 '과거의 사건 + 강한 감정'으로 구성된다. 그리고 과거의 사건은 눈으로 본 것, 귀로 들은 것, 코로 맡은 것, 입으로 맛본 것, 피부로 느낀 것이라는 오감 정보에 다름 아니다. 따라서 만약 과거의 기억에 동반된 감정이 약했다면 괴로울 일은 없다. 과거에는 괴로웠지만 지금은 좋은 추억으로만 존재하게 될 수도 있다. 또한 감정이 결합되어 있지 않으면 선명하게 떠오르지 않는 경우도 많다.

퀵 마인드풀니스 테크닉으로 과거의 괴로운 기억에 대처하면 과거 사건의 오감 정보와 결합되었던 감정이 약해진다. 의식을 지금 이 순간으로 전환하는 방법과 달리 기억과 관련된 감정 자체가 사라지는 것이다. 물론 한 번에 기억과 관련된 모든 감정이 사라지는 것은 아니다. 기억은 하나가 아니기 때문이다. 지워지는 것은 그 순간 초점을 맞춘 기억과 관련된 감정뿐이다. 아직 초점을 맞추지 않은 기억과 관련된 감정은 그대로 남아 있게 된다. 그러므로 다른 기억이 되살아나 괴롭다면 그때마다 퀵 마인드풀니스 테크닉으로 대처하길 권한다.

비유하자면 두더지 잡기 게임과 비슷하다고 할 수 있는데, 두더지 잡기 게임보다 좋은 점은 실행할수록 마음이 편해진다는 것이다. 그리고 익숙해지면 괴로운 과거의 기억에 대한 감정을 몇 초 만에 지워버릴 수도 있다.

　이런 식으로 기억이 되살아날 때마다 수시로 감정을 지워나가면 마음의 안정을 찾을 수 있다. 다른 과거의 기억이 떠올라 불안하고 불쾌해지더라도 이제 자기 힘으로 해결할 수 있다는 자신감이 생기기 때문이다. 그리고 그 정도의 불쾌함은 두려워할 필요 없다고 여기게 된다. 이렇게 되면 가슴 속에 꼭 끌어안고 있던 불안감의 총량이 감소하고 안도감이 커지게 된다.

고통스러운 경험은
위험 교과서!

인류는 불쾌한 경험, 고통스러운 경험을 하고 나면 그 경험을 통해
위험에 대해 학습하도록 만들어졌다. 경험을 통한 이런 학습은 다
른 방식으로 공부하는 것과 달리 단 한 번의 경험일지라도 뇌리에
강하게 남아 있게 된다.

　난생 처음 팔팔 끓고 있는 주전자를 본 아이가 있다. 호기심이 왕
성한 아이는 하얀 수증기를 뿜어내면서 달그락달그락 소리를 내는
주전자에 흥미를 느낀다. 엄마가 부엌에서 한눈을 파는 틈에 아이
는 자신의 눈과 귀를 단번에 사로잡은 주전자에 본능적으로 다가
가 손을 댄다. 주전자에 손을 대는 순간 아이는 태어나 한 번도 느
껴보지 못한 고통을 느끼며 "앗, 뜨거!" 하는 비명과 함께 주전자에
서 황급히 손을 뗀다. 어쩌면 화상을 입어서 물집이 생겼는지도 모
른다. 말 그대로 괴롭고 고통스러운 경험이었다.

이 아이처럼 주전자를 만졌다가 화상을 입은 고통스러운 경험이 있는 아이는 두 번 다시 주전자를 만지려 하지 않는다. 수증기가 올라오는 주전자만 봐도 불안해져서 가까이 다가가려고도 하지 않게 된다. 실제로 수증기가 나오고 있는 주전자는 위험하므로 이는 적절한 반응이다. 아이는 고통을 동반한 경험을 통해서 '하얀 수증기가 나오고 있는 주전자는 위험하다'는 사실을 학습한 것이다.

사람들은 어른이 되는 과정에서 고통을 동반하는 경험을 무수히 한다. 이런 경험은 큰 공부가 되는데, 주변의 위험으로부터 우리의 몸을 지키고 안전을 확보하게 해준다.

다만 고통을 동반하는 학습은 그와 같은 사건에 대해서만 반응할 뿐 융통성이 별로 없다. 일단 '하얀 수증기가 나오고 있는 주전자는 위험해'라고 학습했다면 다시 주전자를 본 순간 불안해져서 주전자 가까이는 가려고 하지 않는다. 그런데 이런 학습을 한 뒤에도 뜨겁지만 하얀 김이 나오지 않는 냄비의 경우는 아이가 위험한 줄 모르고 만질 수 있다. 이처럼 배운 것 중에는 응용력을 좀 더 발휘할 수 있다면 좋았을 것도 있다.

고통을 동반하는
기억을 지우는 방법

사람은 누구나 거부감을 느끼는 일이 있기 마련이다. 그중에는 애초에 적성에 맞지 않아서 거부감을 느끼는 것도 있지만 사실은 적성에는 맞지만 거부감을 느끼는 일도 있다. 그리고 그 원인은 대부분 고통을 동반하는 기억 때문인 경우가 많다.

　과거에 어떤 실패를 하고서 주위 사람들로부터 심하게 질책을 당하고 마음에 상처를 받았다면, 그 기억은 경험과 강한 부정적 감정이 결합된 형태로 학습되게 된다. 그러면 다음에 같은 일을 하려고 할 때 설령 질책을 당하지 않더라도 마치 수증기가 나오는 주전자를 만졌다가 화상을 입은 어린 아이처럼 비슷한 상황으로부터 도망치려 든다. 그리고 강한 공포심에 머릿속이 하얘지면서 혼란을 일으키게 된다. 이처럼 일단 고통을 동반하는 경험을 통해 학습을 하게 되면 원래 적성에 맞는 일일지라도 거부감을 느끼게 된다.

위험으로부터 자신을 보호하기 위해서라면 고통을 동반하는 경험도 도움이 된다. 그러나 위험하지 않은 일임에도 고통을 동반하는 경험을 해버리면 그 기억이 발목을 잡게 된다. 이 문제를 해결하기 위해서는 위험이 따르지 않는 일과 관련된 고통을 동반했던 경험에 대한 기억을 지워야 하는데, 이때도 퀵 마인드풀니스 테크닉이 효과적이다.

★ 고통을 동반하는 기억을 지우는 방법

1. 거부감을 느끼는 일에 몰두하고 있는 구체적인 장면을 떠올리고, 그때 느낀 감정의 강도를 0부터 10까지의 숫자로 수치화한다.
2. 천천히 오른손에 주먹을 힘껏 쥔다(10초 정도).
3. 천천히 왼손에 주먹을 힘껏 쥔다(10초 정도).
4. 양쪽 주먹을 쥐는 힘이 지금 느끼고 있는 감정의 강도를 웃돌게 한다.
5. 양쪽 주먹의 힘이 같아지도록 관찰하며 조정한다(10초 정도).
6. 오른쪽 주먹의 힘을 절반으로 줄인다(10초 정도).
7. 왼쪽 주먹의 힘도 절반으로 줄인다(10초 정도).
8. 양쪽 주먹의 힘이 같아지도록 관찰하며 조정한다(30초 정도).
9. 감정의 강도를 다시 수치화하고, 처음의 수치와 비교해본다.
10. 감정의 강도가 2 이하로 떨어지지 않았다면 2단계부터 다시 반복한다.

과거의 경험 때문에 거부감을 느끼는 일이 있다면 퀵 마인드풀니스 테크닉을 실행해보자. 고통을 동반했던 경험에 관한 기억이 지워질 것이다. 그동안 우리의 발목을 붙잡던 괴로운 과거의 기억이 사라지는 것이다. 그렇게 되면 지금까지 겁나고 부담스러워서 제대로 하지 못했던 일도 신기할 정도로 편하게 할 수 있게 된다. 일이 원활하게 진행되고 불안감도 줄어들기 때문에 세상을 좀 더 낙관적으로 바라볼 수 있게 된다.

부정적인 감정이 날뛸 때의
대처법 1

너무나도 불쾌했던 과거의 경험이 되살아나는 바람에 순간, 부정
적인 감정에 휩싸였던 적이 누구에게나 있을 것이다. 사람에 따라
서는 이런 과거의 불쾌했던 기억으로 인해 부정적인 감정이 도저
히 수습할 수 없을 만큼 넘쳐흐를 때가 있다. 심한 경우 눈물이 주
체할 수 없을 정도로 나기도 하고 자제력을 잃고 난동을 부리기도
한다.

지금까지 소개한 방법들은 주변에 사람들이 있더라도 쉽게 할
수 있는 것들이었다. 물론 익숙해지면 앞에서 배운 방법들로도 충
분히 대처할 수 있지만, 이렇게 주체할 수 없을 정도로 감정이 날
날뛸 때는 좀 더 효과적인 방법이 필요하다.

감정이 넘쳐흐르면, 그 감정은 우리 몸 안에서도 심하게 요동을
치게 된다. 이럴 때는 기분 전환을 하거나 냉정하게 바라볼 여유마

저 없어진다. 그래서 일단은 몸 안에서 날뛰고 있는 감정으로부터 자신을 지키는 것이 최우선 과제다.

발상은 매우 단순하다. 몸을 사용해서 튼튼한 그릇을 만들어 날뛰는 감정을 담는다고 보면 된다. 괴로운 감정으로부터 자신을 지켜줄 그릇은 몸에 단단하게 힘을 줌으로써 만들 수 있다. 굳이 비유하자면 물기를 꼭 짠 빨래를 계속 비틀고 있는 상태와 비슷하다고 할 수 있다.

감정이 수습할 수 없을 만큼 넘쳐흐를 때가 있는 사람은 다음의 방법을 미리미리 연습해두도록 하자. 이 방법이라면 감정이 고조되더라도 금방 안정을 되찾을 수 있게 된다.

★ 부정적인 감정이 날뛸 때의 대처법 1

1. 의자에 앉아 오른쪽 다리를 왼쪽 다리 위로 꼬아 올린다.

2. 팔짱을 낀다.

3. 그 상태에서 상반신을 오른쪽으로 비튼다.

4. 오른쪽으로 비튼 상반신을 뒤로 젖힌다.

5. 그 상태를 잠시 유지한다(10~30초 정도).

6. 상반신을 원래대로 되돌리고 팔짱과 다리도 푼다.

몸의 균형을 유지하는 차원에서 이따금 좌우를 바꿔가면서 하는 것이 좋다. 각각의 동작을 할 때마다 힘을 담아서 하는 것이 요령이

다. 다만 숨쉬기가 힘들거나 아플 정도로 힘이 들어가지는 않도록, 무리하지 않는 선에서 하는 것이 중요하다.

부정적인 감정이 날뛸 때의
대처법 2

'부정적인 감정이 날뛸 때의 대처법 1'에 익숙해졌다면 이제 이 방법을 좀 더 응용해보자. 이 두 번째 방법은 퀵 마인드풀니스 테크닉처럼 감정이나 몸의 감각을 관찰할 수 있기 때문에 좀 더 효과적으로 감정을 진정시킬 수 있다.

★ 부정적인 감정이 날뛸 때의 대처법 2

1. 의자에 앉아 오른쪽 다리를 왼쪽 다리 위로 꼬아 올린다.

2. 팔짱을 낀다.

3. 그 상태에서 상반신을 오른쪽으로 비튼다.

4. 오른쪽으로 비튼 상반신을 뒤로 젖힌다.

5. 이렇게 만들어진 몸의 단단함과 날뛰는 감정의 강도를 비교해 몸의 단단함이 감정의 강도를 웃돌게 한다.

6. 그 상태를 잠시 유지한다(10~30초 정도).

7. 몸에 들어갔던 힘을 절반으로 줄이고, 그 상태를 잠시 유지한다(10~30초 정도).

8. 상반신을 원래대로 되돌리고 팔짱과 다리도 푼다.

　　첫 번째 방법에 비해 몸의 단단함과 감정의 강도를 비교, 관찰할 수 있기 때문에 몸의 내부에서 감정이 날뛰더라도 여유를 갖고 바라볼 수 있게 된다. 마치 난동을 부리는 사람을 유도의 굳히기 기술로 제압하는 것과 비슷하다. 이 방법은 자신감을 높여주고, 날뛰는 감정에서 벗어나 안도감을 되찾는 데 특히 효과적이다.

잠들기 전 감정이
주체되지 않을 때의 대처법

불안감은 많은 경우 불면증으로 이어지기도 한다. 그래서 불안한 상황이 해소되면 불면증도 치료되는 경우가 많다.

날뛰는 감정 때문에 밤잠을 이루지 못하는 경우에도 '부정적인 감정이 날뛸 때의 대처법' 1과 2는 효과적이다. 그러나 밤에 잠을 자려고 누웠다가 다시 일어나야 한다는 불편함이 있다. 그래서 누운 상태에서도 할 수 있는 방법을 소개하고자 한다.

★ 잠들기 전 몸의 내부에서 날뛰는 감정을 추스르는 방법

1. 자리에 똑바로 누운 상태에서 오른쪽 무릎을 두 팔로 끌어안고 몸의 중심을 향해 잡아당긴다.

2. 무릎을 잡아당기는 강도와 날뛰는 감정을 비교해 무릎을 당기는 강도가 감정의 강도를 웃돌게 한다.

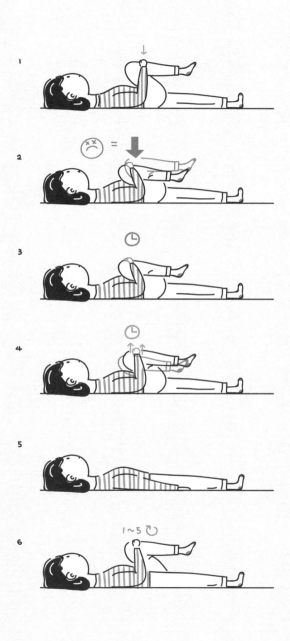

3. 그 상태를 잠시 유지한다(10~30초 정도).

4. 두 팔에 들어갔던 힘을 절반으로 줄이고, 그 상태를 잠시 유지한다(10~30초 정도).

5. 끌어안았던 오른쪽 무릎을 천천히 뻗어 제자리에 되돌려놓는다.

6. 왼쪽 무릎을 끌어안고 1단계부터 5단계까지를 반복한다.

만약 1단계부터 5단계까지를 실행하면서 마음이 충분히 편안해졌다면 6단계는 생략해도 무방하다. 한밤중에 감정이 넘쳐흐르거나 잠이 오지 않을 때 해보면 불안한 감정이 진정돼 편하게 잠을 이룰 수 있게 될 것이다.

미래에 대한
막연한 불안감에
대처하는 법

미래에 대한 막연한 불안감을
구체화하는 방법

미래에 대한 막연한 불안감 때문에 힘들어하는 사람이 늘고 있다. 안정된 미래가 보장되지 않는 시대를 살아가는 사람들에게는 어쩌면 당연한 일인지도 모른다.

과거에는 정년까지 일하면 퇴직금과 연금이 보장됐다. 성실하게 열심히 일만 해도 미래가 보장되던 시대였다. 대기업에 들어가면 인생이 탄탄대로라는 믿음마저 있었다. 그래서 예전에는 중소기업에 취직하거나 직접 사업을 하려고 하면 미래가 불안정하다는 이유로 주변에서 반대를 하던 때도 있었다. 그러나 지금은 대기업마저도 경영 부진이나 그에 따른 구조조정, 최악의 경우 도산이라는 리스크가 따라다닌다. 또 예전처럼 취직을 했다고 해서 정년이 보장되는 것도 아니다. 기업 내부에서의 경쟁이 그만큼 치열해진 탓이다.

결혼관도 크게 바뀌었다. 예전에는 주변에 이혼한 사람이 드물었는데, 지금은 세 쌍 중 한 쌍이 이혼을 하는 세상이다. 이혼 경험이 더 이상 흠이 되지 않는다.

이처럼 정해진 길을 따라 가면 미래가 보장되던 과거의 시스템이 붕괴되고 사회 전체가 앞날을 예측할 수 없는 시대가 되면서 막연한 불안감은 더욱 확산되고 있다.

그렇기에 더더욱 미래에 대한 막연한 불안감을 최대한 줄여서 마음을 안정시킬 필요가 있다. 그래야 현재의 상황을 정확히 파악하고 유연하게 대응해나갈 힘을 되찾을 수 있다.

많은 사람이 미래에 대한 불안감을 안고 하루하루를 살아가지만, 그 불안감은 대부분 막연한 것이다. 그런데 이유를 모르는 막연한 불안감에는 대처하기가 어렵다. 그래서 그 불안감은 해소되지 않고 계속 쌓이게 되고, 결국 만성적 불안감이 되어 몸과 마음을 무겁게 짓누르게 된다.

이런 미래에 대한 막연한 불안감을 해소하기 위해서는 불안감을 말로 표현함으로써 가시화하는 방법이 효과적이다. 그런데 불안감을 말로 표현한다는 데 대해 거부감을 느끼는 사람도 있을 것이다. '불안감을 굳이 말로 표현해야 돼? 불안감이 선명해지면 더 괴로워지는 게 아닐까?' 하는 걱정이 앞서는 것이다.

그러나 시도를 해보면 알게 되겠지만 사실은 그 반대다. 실제로는 명확하지 않은 불안감이 사람을 더 두렵게 만들며, 무엇이 어떻게 불안한지가 확실해지면 마음이 편안해진다.

이 가시화 작업의 구체적인 방법은 막연했던 불안감을 말로 묘사하는 것으로, 말하자면 어떤 한 언어를 다른 언어로 옮기는 번역과 같다고 할 수 있다. 번역이 진행될수록 무슨 말인지 몰라 답답했던 마음속 불안감이 명확해진다. 불안감의 원인을 아는 것만으로도 답답하고 불안했던 마음이 줄어드는 것이다.

이렇게 말을 이용해서 불안감을 가시화했다면, 그 다음에는 글을 이용한 가시화를 하도록 한다. 즉, 종이에 자신의 불안감에 대해 적어보는 것이다.

마음속에 있는 불안감은 눈에 보이지 않기 때문에 내가 어떻게 할 수 있는 게 아니라고 생각하기 쉽지만, 그것을 종이에 문자로 기록하면 형체를 갖게 된다. 마음속에 막연하게 자리 잡고 있던 것이 밖으로 나와 눈으로 확인할 수 있는 것이 되는데, 이 과정에서 우리 마음은 마치 무거운 짐을 내려놓은 듯 차분해지게 된다.

물론 이 방법만으로 불안감이 다 해소되는 것은 아니다. 그러나 형태가 되어 눈에 보이게 되면 거리를 둘 수도 있게 되므로 불안감의 내용을 냉정하게, 객관적으로 바라볼 수 있게 된다. 또한 마음에 여유를 갖고 불안감에 어떻게 대처해야 할지, 그 구체적인 방법을 떠올리기도 쉬워진다.

처음에는 마음속에 있는 막연한 불안감을 말로 표현하는 것이 어렵게 느껴질지도 모른다. 그러나 억지스러워 보이고 자신조차 무슨 말인지 이해되지 않더라도 일단 말로 표현해보도록 하자. 일단 입 밖으로 꺼내면 다른 표현으로 바꿀 수도 있고, 거기서 힌트를 얻어 점점 실감나게 표현할 수 있게 된다. 불안감을 말로 번역하는 능력이 생기는 것이다.

이렇게 해서 불안감을 가시화하게 되면 마음속이 정리되고, 막연한 불안감에서 비롯되던 마음의 부담감을 줄일 수 있게 된다.

도움이 되는 불안감,
도움이 되지 않는 불안감 구분하기

불안감 중에는 '도움이 되는 불안'감과 '도움이 되지 않는 불안감'이 있다. 이 두 가지 불안감을 구분할 수만 있어도 마음이 한결 편안해지게 된다. 이제 '도움이 되는 불안감'과 '도움이 되지 않는 불안감'을 구분하는 방법에 대해 알아보자.

이 방법은 집안에 쌓여 있는 물건을 쓸모 있는 것과 쓸모 없는 것으로 분류하는 작업과 비슷하다. 쓸모없는 물건을 찾아내 처분하는 것만으로도 집안이 깔끔해지게 되는데, 그 준비 단계로 먼저 쓸모 있는 물건과 쓸모없는 물건을 구분할 필요가 있다. 그런데 쓸모없는 물건을 처분하는 데까지 가지 않더라도 이 두 가지를 구분하기만 해도 집안이 정리되기 시작한다.

그렇다면 불안감의 경우 어떤 것이 도움이 되는 불안감이고, 어떤 것이 도움이 되지 않는 불안감일까? 그 기준은 다음과 같다.

도움이 되는 불안감은 자신의 구체적인 행동을 통해 위험요소를 줄일 수 있는 불안감을 말한다. 도움이 되지 않는 불안감은 자신의 행동을 통해 위험요소를 줄일 수 없는 불안감, 혹은 위험요소가 존재하지 않음에도 고민하고 있는 불안감을 말한다.

물론 도움이 되지 않는 불안감일지라도 고민을 할 수는 있지만, 일단 자신에게 유익한 불안감인지 무익한 불안감인지를 구분하면 마음이 정리된다. 시간과 에너지가 들지만 이 분류 작업은 의미가 있다.

자기 자신에게 "불안감을 느끼는 일의 위험요소를 줄이기 위해 내가 할 수 있는 일이 있을까?"라는 질문을 해보면 쉽게 구분할 수 있다.

만약 자신이 할 수 있는 일이 있다면 그것은 도움이 되는 불안감이라고 볼 수 있다. 위의 질문을 통해 얻은 답을 구체적인 행동으로 옮기면 그 불안감과 불안감을 제공한 원인이 해결될 것이기 때문이다.

만약 자신이 할 수 있는 일이 하나도 없다면 그것은 도움이 되지 않는 불안감일 가능성이 크다. 자신이 어떤 행동을 하든 안 하든 결과는 같다. 그러므로 자신이 할 수 있는 일이 하나도 없는 불안감이라는 사실을 알았다면, 그때는 과감하게 '그냥 내버려두자'라고 생각해도 된다. '그래도 될까?' 싶은 생각이 들겠지만 망설일 필요가 없다. 그냥 냉정하게 자신에게 도움이 되는 것에는 힘을 쏟고, 도움이 되지 않는 것에는 신경 쓰지 않으면 된다. 의미도 없고 도움도 되지 않는 불안감 때문에 괴로워해봤자 소용없다. 그냥 포기하도록 하자.

　도움이 되지 않는 불안감을 포기한다고 해서 자기 자신에게나 타인에게 피해가 가지는 않는다. 합리적인 포기라고 볼 수 있다. 이런 합리적인 포기에 조금씩 익숙해지면 마음속에 불안감이 스쳐지나갈 때, 그것이 도움이 되지 않는 불안감이라는 사실을 금방 알 수 있게 된다. 그리고 그럴 때마다 자기 자신에게 "아, 이건 도움이 되지 않는 불안감이야"라고 말해주면 쓸데없는 불안감에 시달리는 일이 줄어들게 된다.

지금 이 불안감은
얼마만큼 중요한가?

자신의 내부에 있는 불안감을 도움이 되는 불안감과 도움이 되지 않는 불안감으로 분류할 수 있게 되었다면, 그 다음으로는 도움이 되는 불안감의 내용을 파악하도록 한다.

먼저, 그 중요도를 조사해 1부터 3까지의 숫자로 점수를 매긴다. 그냥 방치해둬도 거의 리스크가 없는 것은 1점, 다소 리스크가 있을 것 같은 것은 2점, 리스크가 상당히 높아서 방치하면 안 될 것 같은 것은 3점을 주는 식이다.

이처럼 도움이 되는 불안감의 중요도를 수치화하면 불안감의 우선순위를 파악할 수 있게 되는데, 이 방법은 마음속을 정리하는 데 도움이 되고 시야가 넓어지는 효과도 있다.

불안감에 중요도를 매겼다면, 그 다음에는 긴급성을 파악한다. 도움이 되는 불안감 중에는 중요도와 상관없이 지금 당장 대응할 필요가 있는 것과 조금 늦게 대응해도 괜찮은 것이 있기 마련이다.

중요도를 조사했을 때와 같은 방법으로 긴급성을 수치화한다. 긴급성이 높은 것은 3점, 조금 서두르는 편이 좋은 것은 2점, 서두를 필요 없는 것은 1점을 주는 것이다.

우리가 미래에 대한 불안감을 느끼는 것은 그 미래가 막연하기 때문이다. 지금까지 이야기한 불안감을 가시화하거나 불안감의 종류를 분류하면 불안감의 정체가 명확해지고 마음도 상당히 편해질 것이다.

다만 불안감이 지나치게 강한 경우에는 마음에 여유가 없어지게 된다. 가시화하기나 분류하기가 어려울 때도 있을 수 있다. 그럴 때는 지금 느껴지는 불안감을 0부터 10까지의 숫자로 수치화하고 퀵 마인드풀니스 테크닉을 시도하면 불안감을 해소할 수 있다. 극도의 불안감에 사로잡혀 이러지도 저러지도 못하게 된 경우라면 '부정적인 감정이 날뛸 때의 대처법'(73, 76쪽 참조)을 시도해보자.

이렇게 해서 마음이 차분해지면 그 불안감의 중요도와 긴급성을 분류할 수 있게 된다. 이번 장에서 소개하는 심리적인 방법들과 앞에서 소개한 방법들을 함께 실천하면 더 큰 효과를 기대할 수 있다.

막연한 불안감에서 벗어나기 위한
구체적이고 작은 실천들

단순히 분류하기만 해서는 불안감이 해소되지 않을 때도 있다. 불안감은 일어날지도 모를 리스크를 줄이기 위한 행동을 촉구하는 감정이기 때문이다. 그러므로 중요도나 긴급성을 파악해 분류를 하더라도 필요한 행동을 하지 않으면 불안감은 해소되지 않을 수도 있다.

행동의 우선순위가 가장 높은 것은 중요도가 높은 동시에 긴급성도 높은 불안감이다. 예를 들어, 자동차를 운전하다가 이대로 계속 직진을 할 경우 벽에 부딪칠 상황이라면, 이는 긴급성도 중요도도 매우 높으므로 즉시 행동을 할 필요가 있다. 지금 당장 브레이크를 밟거나 핸들을 돌리지 않으면 벽에 충돌할 수 있기 때문이다. 자동차가 파손되는 것은 물론, 부상을 당할 수도 있고, 최악의 경우 목숨을 잃을 수도 있다. 즉, 우선순위가 매우 높은 상황인 것이다.

또 중요도는 높지만 긴급성은 그다지 높지 않은 불안감도 있다. 예를 들면, 고등학교 1학년 학생이 일류 대학에 들어가고 싶은 경우가 그렇다. 지금의 성적으로는 도저히 일류 대학에 들어가기 힘들다는 사실을 알지만, 그럼에도 목표를 낮출 수가 없다면 열심히 공부해서 성적을 높이는 방법밖에 없다. 오늘 내일 열심히 공부하느냐 그렇지 않느냐가 대학 당락을 결정하지는 않는다. 조급하게 행동할 필요는 없으므로 순발력보다는 지구력이 필요한 유형의 불안감이다.

한편, 긴급성이 높기는 하지만 자동차가 벽에 부딪칠 것 같은 상황처럼 몇 초 안에 행동해야 할 정도로 긴급성이 높지 않은 불안감도 있다. 이 경우에는 어느 정도 시간 여유가 있으므로 다양한 선택지 중 적절한 방법을 선택할 수 있다. 예를 들어, 한 달 후까지 디자인을 마감해야 하는 디자이너라면, 그에게는 한 달이라는 시간 여유가 있다. 그러므로 지금의 작업 속도로는 마감일을 맞출 수가 없다고 판단된다면 지금의 작업 속도 이상으로 속도를 냄으로써 마감일에 맞출 수 있다. 작업 효율을 높이기 위한 기술을 익힐 시간적 여유도 어느 정도 있을 것이고, 자기 혼자서는 마감일에 맞추기 힘들다고 판단되면 누군가에게 도움을 청할 수도 있고, 마감일을 연장해달라고 미리 요청할 수도 있을 것이다.

이와 같이 불안감을 느꼈다면 먼저 분류를 해보자. 우선 중요도와 긴급성의 정도를 조사하고, 분류된 정도에 따라 어떻게 대응해

나갈지 궁리한다면 불안감에 좀 더 효율적으로 대처할 수 있게 될 것이다.

다만 불안감을 분류했음에도 무엇을 어떻게 대처해야 할지 감이 잡히지 않을 때가 있을 수 있다. 머릿속으로 고민은 하는데, 아무런 행동도 하지 못하는 상황 말이다. 이는 리스크를 단번에 해결하려고 하기 때문인 경우가 많다. 단번에 해결하려고 하다 보니 구체적으로 어떤 행동을 해야 할지 전혀 감이 오지 않는 것이다. 그런데 과연 리스크를 한 번에 해결할 수 있는 일이 얼마나 될까? 세상일은 대부분 단계를 거치면서 해결된다. 그러니 리스크를 한 가지 방법으로 단번에 해결하려고 하지 말고 한 단계 한 단계 변화를 주며 해결할 방법을 찾는 것이 중요하다.

이때도 해결의 정도를 0부터 10까지 숫자로 수치화하는 방법이 도움이 된다. 불안감이 있는 현재를 0단계로, 그 불안감이 완전히 해결된 상태를 10단계로 놓고, 각 단계마다 자신에게 질문을 하며 나아가는 것이다.

일명 '스몰 스텝 기법'이라고 하는 이 기법은 처음부터 높은 목표를 지향하는 것이 아니라 목표를 세분화해 작은 목표를 달성하는 경험을 쌓아가면서 최종 목표에 다가가는 기법이다. 이를테면 먼저 "해결의 정도가 현재의 0단계에서 1단계로 높아지면 주위의 상황은 어떻게 달라질까?", "그렇게 되려면 지금 내가 어떤 구체적인 행동을 해야 할까?"라고 자신에게 물어보자. 이 질문을 했을 때

나온 대답은 구체적이고 현재의 자신이 할 수 있는 행동일 가능성이 높다.

이와 같이 스몰 스텝으로 목표를 향해 다가가면 실천해야 할 행동의 난도가 낮아져 '이 정도라면 나도 할 수 있겠어'라는 생각을 하게 된다. 그리고 그 행동을 한 결과 해결의 정도가 0단계에서 1단계로 높아졌다면 다시 자신에게 같은 질문을 한다.

"해결의 정도가 현재의 1단계에서 2단계로 높아진다면 주위의 상황은 어떻게 달라질까?", "그렇게 되려면 지금 내가 어떤 구체적인 행동을 해야 할까?" 하고 말이다.

이 질문 역시 1단계에서 2단계로 해결의 정도를 높이는 구체적인 행동을 이끌어낸다. 그리고 이 질문에서 도출된 구체적인 행동 역시 난도가 낮으므로 해결 지점을 향해 한 걸음 더 나아갈 수 있게 된다.

이 방법을 반복해 2단계에서 3단계로, 3단계에서 4단계로 계속 나아가면 결국은 문제가 완전히 해결된 10단계에 도달할 수 있게 된다. 설령 문제가 완전히 해결된 상태에 도달하지 못할지라도 최대한 그 상태에 가까워지게 된다.

근거 없이 불안감을 부추기는
내부 비판자에 대처하는 법

앞에서 이야기했듯이 구체적인 행동의 난도를 낮추면 행동을 시작할 확률은 크게 높아진다. 다만 아무리 난도를 낮춰도 움직이지 못하는 사람도 있는데, 그 원인은 자신에 대한 엄격함에 있다. 자신에게 지나치게 엄격한 나머지 단번에 해결할 방법만 찾았지, 스몰 스텝 기법을 활용할 생각은 하지 않는 것이다. 설령 생각을 했다 하더라도 '고작 이런 걸로 뭘 바꿀 수 있겠어?'라며 떠오른 생각을 무시해버리기 일쑤고, 어쩌다 행동을 해서 성과가 나더라도 그 성과에 대해 '아무것도 달라진 게 없어'라며 평가절하 하곤 한다. 결국은 아무런 아이디어도 떠오르지 않게 되고, 행동할 의욕까지 잃어버려 정체되고 만다.

자신에게 엄격한 사람은 자기가 자신에게 엄격하다는 사실을 자각하지 못한다. 오히려 '나는 너무 물러 터져서 큰일이야'라고 생각하는 경우가 많다. 그러나 정말로 물러 터진 사람은 절대 '나는 너무 물러 터졌어'라고 생각하지 않는다. 그런 사람들은 뭔가 지적을 받아도 이해하지 못하는 경우가 많아 오히려 상대방을 당황스럽게 만든다. 자신에게 엄격한 사람만이 '나는 너무 물러 터졌어'라고 하며 자책하는 것이다.

자신에게 과도하게 엄격하면 안 그래도 스트레스가 쌓일 수밖에 없는 요즘 같은 시대에는 외부 환경에서뿐만 아니라 내부에서까지 공격을 받게 돼 스트레스가 더욱 커진다. 그럴 경우 단순히 행동이 정체되는 데서 그치지 않고 불안감도 증폭된다. 때로는 불안감을 넘어 절망감을 느끼게 될 수도 있다. 그런 자신에 대한 엄격함을 완화시키기 위해서는 자신의 마음속에 있는 '엄격한 혼잣말'을 자각하는 것이 중요하다.

나는 자신의 마음속에 있는 엄격한 혼잣말을 '내부 비판자'라고 부른다. 이 내부 비판자의 특징은 비판밖에 할 줄 모른다는 것이다. 아무리 잘해도, 아무리 좋은 일을 해도 인정하지 않는다. 칭찬 같은 것은 절대 하지 않으며, 오히려 어떻게든 흠을 찾아내려고 한다. 좋은 결과 앞에서도 "이번엔 그저 운이 좋았을 뿐이야. 다음에는 실패할 게 틀림없어"라며 불안감을 부추긴다.

내부 비판자의 또 다른 특징은 일방통행을 하고, 대화를 하지 않는다는 것이다. 보통 비판을 할 때는 그렇게 비판하는 이유가 반드시 있기 마련이다. 그런데 내부 비판자에게 "내가 뭘 그렇게 잘못했는데?"라고 물어보면 수긍할 수 있는 답이 돌아오지 않는다. "잘못했다면 잘못한 줄 알아"라는 대답만 할 뿐이다.

만약 실제로 사람과 사람이 대화를 나누는데 상대의 말을 전혀 들으려 하지 않고 일방적으로 자기 하고 싶은 말만 한다면 그들의 관계는 어떻게 될까? 아무도 그 사람 말을 진지하게 들으려 하지 않을 것이다. 그런데 이상하게도 자신의 마음이 그런 말을 하면 사람들은 그 말을 그대로 받아들인다. 자신의 머릿속에서 나온 말이기 때문에 자신의 생각이라고 착각하는 것이다. 그러나 내부 비판자의 말은 충분히 곱씹고 하는 말이 아니라 단순한 부정일 뿐이다. 이를테면 트위터의 봇 기능 같은 것으로, 미리 설정된 시스템에 의해 자동으로 반응하는 것이다.

내부 비판자의 말이 자신의 생각인 양 착각하는 이 상황을 바로잡을 방법은 내부 비판자의 말을 진지하게 받아들이는 횟수를 줄이는 것이다.

그 대처법 중 하나는 그 말을 무시하는 것이다. 우리는 세상일에 대해 비판밖에 할 줄 모르는 사람이 있으면 처음에는 그 사람 말을 들어주다가 점점 그 사람 말을 한 귀로 듣고 한 귀로 흘려버리게 된다. 이처럼 내부 비판자가 하는 말도 '어디서 개가 짖나?' 하는 식으로 무시해버려야 한다.

적극적으로 되받아치는 방법도 있다. 내부 비판자의 말에 "시끄러워", "닥쳐", "나는 잘못한 게 없어" 같은 짧고 강한 말로 되받아치는 것이다. 내부 비판자는 공격할 때는 마치 강자 같지만 수세에 몰리면 의외로 약해진다. 갑자기 풀이 죽어서 입을 다물 때도 종종 있다. 내가 되받아치는 말에 꼬리를 내리는 내부 비판자를 보면 내부 비판자를 두려워할 필요가 없다는 것을 알게 될 것이다.

논리력이 있는 사람이라면 내부 비판자에게 딴죽을 걸어보는 것도 좋다. "내가 뭘 잘못했는데?"라고 물어보는 것이다. 그러면 내부 비판자는 군색한 대답밖에 하지 못한다. 내부 비판자의 말은 냉정하게 보면 허점이 많으며, 딴죽을 걸면 제대로 된 반론을 제기하지도 못한다.

내부 비판자의 말을 되받아치는 방법으로는 적극적으로 반응하거나 논리적으로 반응하는 것 모두 효과적이다. 되받아쳐보면 이런 허점투성이 말에 휘둘렸다는 사실이 믿기지 않을 것이다.

지금까지 내부 비판자의 말에 대처하는 방법을 몇 가지 전수했는데, 이 모든 대처법을 다 사용할 필요는 없다. 사람에 따라 자신에게 맞는 대처법과 맞지 않는 대처법이 있기 마련이다. 자신이 쓰기 편하고 효과적이라고 느낀 방법으로 내부 비판자에게 대응하면 된다.

밝은 미래를 가로막는
낮은 자아 이미지 회복이 급선무!

미래에 대한 불안감이 뿌리 깊은 것은 낮은 자아 이미지의 영향 때문인 경우가 많다. 자아 이미지는 자기 자신에 대해 가지고 있는 인상을 말하는데, 이 자아 이미지는 어떤 사항에 대해 느끼는 바나 사고방식 전체에 많은 영향을 끼친다. 자아 이미지가 높으면 미래를 낙관적으로 바라보지만, 반대로 자아 이미지가 낮으면 현재의 상황과 상관없이 미래에 대해 막연한 불안감을 품게 된다. 그도 그럴 것이 자신을 하찮은 존재라고 생각하면서 미래를 희망차게 전망하기는 쉽지 않은 일이다.

먼저 다음의 두 가지 항목을 통해 자신의 자아 이미지가 높은지 낮은지 파악해보자.

자아 이미지를 손상시키는 요소 중 하나는 '능력'에 대한 인식이다. '나는 능력이 있어'라고 생각하면 일을 할 때든 취미생활을 할 때든 아무 의미나 근거 없이도 '할 수 있어'라고 생각하게 된다. 과거의 경험이나 실적 같은 것하고는 별로 상관이 없다. 자신이 전혀 경험해보지 않은 일에 대해서도 자연스럽게 '할 수 있어'라고 생각하는 경향이 있다면 능력 측면에서의 자아 이미지가 높다고 할 수 있다.

반대로 경험이 많고 실적이 있음에도 '잘할 수 있을 것 같지가 않아', '실패할 것 같아'라고 생각하는 경향이 있다면 능력에 관한 자아 이미지가 낮은 것이다. 그대로 방치하면 끊임없는 불안감에 괴로워진다. 이런 사람은 자아 이미지를 회복하고 높일 필요가 있다.

능력에 관한 자아 이미지를 회복하기 위해서는 자아 이미지를 손상시켰던 과거의 기억에 초점을 맞출 필요가 있다. 어렸을 때 능력을 발휘하지 못해 안타까웠거나 굴욕을 느꼈거나 분했던 기억 말이다. 지금도 선명하게 기억날 뿐만 아니라 당시의 감정까지 되살아나는 부정적인 기억을 퀵 마인드풀니스 테크닉을 통해 해소해 나가자. 불쾌한 감정이 해소되면 자아 이미지도 회복된다.

이때 추상적인 기억이 아니라 구체적인 장면을 떠올릴수록 좋다. 예를 들어 '초등학교 때 종종 실수를 저질렀었지'라는 식의 기억은 구체적이라고 할 수 없다. 오감 정보가 빠져 있기 때문이다. 한편 '초등학교 4학년 때 야구를 한 적이 있는데, 그때 센터였던 내가 7회 말에 뜬공을 놓치는 바람에 상대편에게 역전을 당했어. 너무나 치명적인 실수였지' 같은 기억은 구체적이라고 할 수 있다.

구체적인 장면에 관한 오감 정보와 감정을 자신이 아는 범위에서 최대한 종이에 적어보자. 그리고 감정이 생생하게 되살아났다면 아래의 과정을 실천해보자.

★ 능력과 관련된 자아 이미지를 높이는 방법

1. 자신이 잘못을 저질렀거나 실수했던 어린 시절의 장면을 떠올린 뒤, 그때 느꼈던 감정의 강도를 0부터 10까지의 숫자로 수치화한다.
2. 천천히 오른손에 주먹을 힘껏 쥔다(10초 정도).
3. 천천히 왼손에 주먹을 힘껏 쥔다(10초 정도).
4. 양쪽 주먹을 쥐는 힘이 지금 느끼고 있는 감정의 강도를 웃돌게 한다.
5. 양쪽 주먹의 힘이 같아지도록 관찰하며 조정한다(10초 정도).
6. 오른쪽 주먹의 힘을 절반으로 줄인다(10초 정도).
7. 왼쪽 주먹의 힘도 절반으로 줄인다(10초 정도).
8. 양쪽 주먹의 힘이 같아지도록 관찰하며 조정한다(30초 정도).
9. 감정의 강도를 다시 수치화하고, 처음의 수치와 비교해본다.
10. 감정의 강도가 2 이하로 떨어지지 않았다면 2단계부터 다시 반복한다.

이 방식은 자아 이미지를 회복하는 데 많은 도움이 된다. 떠올리는 순간, 감정까지 되살아나는 기억들에 대해 위와 같은 기법을 실천해볼 것을 권한다. 처음에는 딱히 기억이 나지 않을 수도 있지만 노력하다보면 느낌만 있고 가물거리던 기억이 점점 과거의 장면과 함께 떠오르게 된다. 그 기억들을 하나하나 구체화해서 대처해 나가면 자아 이미지가 회복되어간다. 그리고 이윽고 '나는 할 수 있어'라는 느낌이 자연스럽게 생겨난다. 좋은 의미에서 '근거 없는 자신감'이 생겨나고 낙관적인 사람이 되어 가는 것이다. 그렇게 되면 미래에 대한 막연한 불안감도 사라지고 하루하루를 충만하게 살아갈 수 있게 된다.

자아 이미지를 손상시키는 또 다른 요소는 '인간관계력'에 관한 불안감이다. 인간관계력이란, 사회적 존재로서의 인간이 타인과의 관계를 잘 정립할 수 있게 하는 힘을 말한다. 쉽게 말해 타인에게 호감을 주는 등 좀 더 나은 관계를 구축할 수 있게 하는 힘이다. 만약 인간관계력에 관한 자아 이미지가 낮으면 근거 없이 '사람들이 나를 불편해 해', '나를 싫어해', '나는 금방 상대를 기분 나쁘게 해' 같은 생각에 사로잡힌다. 자신에게 우호적인 사람이 있으면 '뭔가 꿍꿍이가 있는 게 틀림없어'라거나 '아무 이유 없이 내게 접근할 리가 없지'라고 생각하게 된다. 만약 인간관계와 관련해서 이런 생각을 할 때가 많다면 인간관계력에 관한 자아 이미지가 낮을 가능성이 있다. 이 경우에도 자아 이미지를 회복하고 높일 필요가 있다.

이제 미움 받고 있다고 느꼈던 어린 시절의 기억을 몇 가지 떠올려보자. 그리고 감정이 강하게 되살아나는 기억에 대해 퀵 마인드풀니스 테크닉을 이용해 자아 이미지를 회복해나가자.

★ 인간관계력과 관련된 자아 이미지를 높이는 방법

1. 미움 받고 있다고 느꼈던 어린 시절의 경험을 하나 고른 뒤, 그때 느꼈던 감정의 강도를 0부터 10까지의 숫자로 수치화한다.

2. 천천히 오른손에 주먹을 힘껏 쥔다(10초 정도).

3. 천천히 왼손에 주먹을 힘껏 쥔다(10초 정도).

4. 양쪽 주먹을 쥐는 힘이 지금 느끼고 있는 감정의 강도를 웃돌게 한다.

5. 양쪽 주먹의 힘이 같아지도록 관찰하며 조정한다(10초 정도).

6. 오른쪽 주먹의 힘을 절반으로 줄인다(10초 정도).

7. 왼쪽 주먹의 힘도 절반으로 줄인다(10초 정도).

8. 양쪽 주먹의 힘이 같아지도록 관찰하며 조정한다(30초 정도).

9. 감정의 강도를 다시 수치화하고, 처음의 수치와 비교해본다.

10. 감정의 강도가 2 이하로 떨어지지 않았다면 2단계부터 다시 반복한다.

손상된 능력과 인간관계력을
회복시켜주는 말

능력과 인간관계력에 관한 과거의 괴로운 기억과 마주하고 불안한 감정을 해방시켜나가면 자아 이미지는 점점 회복된다. 그러나 아무리 퀵 마인드풀니스 테크닉을 이용해도 허무함, 공허함, 서운함 등의 감정이 남을 때가 있다. 감정 해방만이 아니라 마음에도 영양 보충을 해줄 필요가 있는 경우라고 볼 수 있다.

능력에 관한 자아 이미지의 손상으로 영양 부족 상태가 되어서 허무함이나 공허함, 서운함 등이 남은 경우에는 자기 자신의 노력을 인정해주는 말이 영양분이 된다. "잘하고 있어", "좋은 판단이야", "즐겁게 하고 있구나", "느낌이 좋은데!" 같은 말을 자신에게 건넬 필요가 있는 것이다.

그러나 자신에게 말을 거는 데 대해서 부자연스럽다고 느끼거나 거부 반응을 일으키는 사람도 있다. 이런 경우는 마음이 영양 부족으로 인해 비쩍 말라버려서 그 상태로는 도저히 자신에게 영양을 주는 말을 할 수도, 그 말을 받아들일 수도 없는 상태일 가능성이 있다. 조난을 당해 굶어 죽기 직전까지 갔던 사람은 칼로리가 높은 음식을 흡수하지 못하기 때문에 나중에 음식이 눈앞에 있어도 처음부터 한꺼번에 음식을 섭취하면 탈이 날 수 있는데, 자신에게 영양을 주는 말도 이와 같다. 이럴 때는 음식물도, 자신에게 영양이 되는 말도 적응기를 갖고 조금씩 섭취할 필요가 있다.

먼저 자신이 불편해하지 않는 말을 천천히 시간을 들여 골라 조금씩 하는 데서부터 시작하자. 이렇게 하다보면 마음에 영양분이 서서히 퍼져서 이윽고 마음이 건강해지게 된다.

또 인간관계력에 관한 자아 이미지의 손상으로 영양 부족 상태가 된 경우에는 "지금의 나로도 충분해", "오늘도 멋지네", "웃는 모습이 참 매력적이야", "내가 애쓰지 않아도 사람들은 내 진가를 알아" 같은 말을 자신에게 해주면 좋다.

다만, 마음에 영양을 보충해주기 위해 필요한 말은 매번 달라지기도 하고, 적당한 말이 아니면 만족감을 주지 못하기도 한다. 중요한 것은 현재 자신의 마음속에 파고들 만한 말을 찾아내 계속 소리 내서 들려주는 것이다. 이는 엄마가 어린 자녀에게 관심을 갖고 진심을 다해 반응할 때 하는 말과 같다고 볼 수 있다. 그래서 마음에 영양을 보충해주는 이 방법은 어쩌면 '자기 자신을 상대로 하는 제2의 육아'라고 할 수도 있다.

퀵 마인드풀니스 테크닉은 자아 이미지를 손상시켰던 마음의 상처를 제거함으로써 마음을 회복시킨다. 또 자신에게 자신의 노력을 인정해주는 말로 마음에 영양을 보충해주면 자아 이미지는 점점 높아지게 된다. 인간관계력과 관련된 자아 이미지가 높아지면 근거 없이도 '사람들은 나를 좋아해', '내가 하는 말을 잘 들어줘', '사람들은 나를 필요로 해' 같은 생각을 갖게 되고, 행동도 적극적으로 하게 된다.

그런데 안타깝게도 마음의 영양 보충을 계기로 자아 이미지에 타격을 줬던 과거의 기억과 감정이 강하게 되살아나는 경우도 있다. 그럴 때는 당황하지 말고 계속해서 자신에게 영양분이 될 만한 말을 걸어주면 마음이 편해지는 경우가 많다. 만약 괴로운 감정이 사라지지 않는다면 퀵 마인드풀니스 테크닉을 이용해 해소하도록 하자.

이와 같이 퀵 마인드풀니스 테크닉과 마음의 영양 보충 기법을 상황에 맞춰서 유연하게 사용할 필요가 있다. 과거의 불안감을 지우고 마음에 영양을 보충해주면 시간이 지나면서 자아 이미지가 높아질 것이다.

멀 두려워하는 거지?

불안감의 원인을 알고, 그 불안감의 중요도와 긴급성을
객관적으로 분류하기만 해도 마음이 진정된다.

일과 인간관계
모두 잘하고 싶은
사람들을 위한 처방전

내 손으로 직접 하지 않으면
불안하다?

일을 하다보면 자신이 아주 잘 아는 것이 있듯이 모르는 것도 있기 마련이다. 모르는 것이 있을 경우에는 당연히 불안감을 느끼게 되는데, 그에 대한 대응 방법은 사람에 따라 다양하게 나타난다. 예를 들어, 무슨 일이든 자기 힘으로 해결하려고 애쓰는 사람이 있다. 반대로 모르는 것이 있으면 다른 사람들에게 물어보든 공부를 하든 완전히 이해한 다음에 일을 시작하는 사람도 있다. 이 두 사람 다 극단적인 경우이고, 현실적이고 적절한 대응 방법은 대부분 이 양극단의 중간쯤에 있다.

무슨 일이든 자신의 힘으로 해결하려고 애쓰는 자세에도 긍정적인 부분은 있다. 자기 힘으로 하지 않으면 불안한 마음을 씻어내기 위해 이들은 스스로 궁리하고 조사하며 시행착오를 거치곤 하는데, 이런 성향은 자신의 성장을 돕는 밑거름이 된다. 만약 그렇게 해도 업무에 지장이 없다면 말이다. 그러나 자기 힘만으로 해결하려고 애쓰다가 업무에 지장을 초래한다면 이런 성향은 오히려 마이너스로 작용하게 된다. 그럴 때는 상사나 동료에게 물어보거나 도움을 청하는 식으로 대응해야 한다.

업무를 처리할 때 모르는 것이 있으면 주변에 물어보거나 도움을 청하는 편이 낫다는 것은 아마도 다들 알 것이다. 그러나 머리로는 이해하지만 마음속으로는 강한 거부감을 느껴 어떻게든 자기 힘으로 해결해보려고 고군분투할 때가 있다. 자기 힘으로 해결하지 않고는 직성이 풀리지 않는 성격이 문제를 일으키는 것이다.

이는 앞에서 말한 마음의 습관과 관련이 있는데, 마음의 습관을 의지력만으로 바꾸기는 매우 어렵다. 그러나 이런 습관을 바꾸지 않으면 일을 하다가 모르는 것이 있을 때마다 큰 부담감과 함께 불안감을 느끼게 된다. 자신의 정신 건강 측면에서나 업무의 효율성 측면에서나 이런 마음의 습관은 도움이 되지 않는다는 것을 빨리 깨닫고 바꾸려고 애쓰는 편이 여러 면에서 도움이 된다.

이런 마음의 습관을 완화하기 위해서는 먼저 그것이 싫은 이유를 정확하게 알 필요가 있다. "모르는 것을 물어보거나 도와달라고 부탁하는 게 왜 그렇게 싫은 거야?"라고 자신에게 물어보는 것이다. 그리고 자신의 마음속에서 어떤 대답이 나오는지 관찰해보자.

상담을 하다보면 이런 사례를 수없이 많이 접하게 되는데, 이런 경우 자주 나오는 대답 중 하나는 "모르는 것이 있다는 사실을 용

납할 수가 없어요"라는 것이다. 이렇게 대답하는 사람들은 대부분 이상이 굉장히 높고 자신을 몰아붙이는 유형으로, 매우 금욕적인 성향이면서 다른 사람에게 의지하려고 하지 않는다. 이런 사람은 마음속 깊은 곳에 자신이 무능해지는 데 대한 공포심이 자리하고 있을 가능성이 높다.

머리로는 이해하지만 바꾸기 힘든 마음의 습관은 이 마음속 깊은 곳에 자리하고 있는 강한 공포심과 관계가 있다. 그런 까닭에 상담을 받거나 도움을 받는 것을 본능적으로 피하려고 하는 경향이 있다. 주변 사람들 눈에는 무리하는 것처럼 보일 수 있지만, 그 자신은 마음속 깊이 '도움을 받는 것보다 내 힘으로 하는 편이 나아'라고 생각하고 있는 것이다.

또한 자신을 몰아붙이기 일쑤라 마음에 여유가 없고, 세상을 흑백논리로 바라보는 극단적인 상태가 되기 쉽다. 자신의 힘으로 일을 해결할 경우에는 자신에게 합격점을 주지만, 다른 사람에게 의지할 경우에는 '나는 무능한 인간이야'라고 단정지어버린다.

이런 사람은 사실 검은색과 흰색 사이에 회색 지대가 있다는 사실을 깨닫지 못한다. 세상일이라는 것은 자신의 힘으로 다 해야 할 때도 있고 다른 사람에게 의지해야 할 때도 있다. 그리고 자신의 힘으로 해결하는 방법과 타인에게 의지하는 방법 사이에는 무한한 선택지가 있다. 그런데도 흑백논리에 사로잡혀 그 중간의 선택지들을 보지 못하는 것이다.

능력이 없는 것이 아니라
자기 능력을 낮게 보는 것일 뿐!

자신이 무능해지는 데 대한 공포심은 자신의 능력에 대한 자아 이미지가 극도로 낮아 마음속에 뿌리 깊은 불안감을 안고 있기 때문에 생겨난다.

정말로 능력이 낮은 것이 아니라 자기 스스로 자신을 낮게 보는 것일 뿐이지만, '내게는 능력이 없어'라고 생각할 때의 괴로움은 상상을 초월한다. 블랙홀에 빨려 들어가는 듯한 공포감을 느끼기 때문에 어떻게든 해보려고 발버둥 치고 싶을 정도다.

만약 자아 이미지가 극단적으로 낮지 않다면 위의 문장을 읽기만 해도 이런 마음의 습관이 완화될 것이다. 마음의 습관에 얽매이지 않게 되고 선택지도 넓어진다. 일을 하다가 모르는 것이 있으면 필요에 따라 사람들에게 물어볼 수 있게 된다.

그래도 습관이 완화되지 않는다면 그것은 역시 자아 이미지가 극히 낮기 때문이라고 볼 수 있다. 자아 이미지가 극단적으로 낮으면 머리로는 이해하더라도 마음의 습관이 좀처럼 완화되지 않는다. 그럴 때는 마음속 깊은 곳에 있는 공포심을 동반한 불안감을 줄이면 자아 이미지가 회복되면서 마음의 습관이 완화된다. 능력에 대한 마음속 깊은 곳의 불안감에 초점을 맞추고 퀵 마인드풀니스 테크닉을 실행하는 것이다. 그러면 뿌리 깊은 불안감이 완전히 사라지지는 않더라도 불안감의 강도가 약해지고 사람들에게 물어보거나 도움을 청할 수 있을 만큼의 여유가 생길 것이다. 일을 할 때도 선택지가 넓어져 유연하게 업무를 수행할 수 있게 될 것이다.

바보 취급당할까봐
초조한 날들

일을 하다가 모르는 것이 있을 때 자기 힘만으로 해결하고 싶게 만드는 마음의 습관은 또 있다. 그것은 바보 취급당할까봐 두려운 마음이다. 다른 사람에게 얕보이는 것을 견딜 수 없는 고통으로 여기는 것이다. 지기 싫어하는 성격과도 같은 맥락이다.

'바보 취급당하고 싶지 않아'라는 마음이 강한 사람은 언제나 타인과 자신을 비교하며 자신이 어떤 위치에 있는지 순위를 매기고, 그 순위에 늘 신경을 쓴다. 일을 하다가 모르는 것이 나오면 '내가 이걸 모른다는 걸 알면 나를 바보 취급할 거야'라고 생각하며 마음을 졸인다. 이런 상황을 극도로 싫어하기 때문에 바보 취급당하는 일이 없도록 자신의 힘으로 일을 해결하려고 애쓰는 것이다. 이렇듯 어떻게든 자신의 힘으로 일을 해결하려 한다는 점은 같지만, 사람마다 그 동기는 조금씩 다르다.

타인과 자신을 끊임없이 비교하며 극단적으로 반응하는 경우는 인간관계력에 대한 자아 이미지가 매우 낮기 때문이다. 다른 사람에게 의지하면 바보 취급당할 수 있다는 불안감이 마음 깊은 곳에 자리하고 있는 것이다.

이 불안감이 너무도 강해서 의지력만으로는 행동을 바꿀 수 없다면 바보 취급당하는 데 대한 불안감에 초점을 맞춰 퀵 마인드풀니스 테크닉으로 마음의 습관을 완화시켜나가도록 하자.

그런가 하면 모르는 것을 다른 사람에게 물어보지 못하게 만드는 또 다른 마음의 습관이 있는데, 다른 사람에게 무언가를 물어보거나 도움을 받는 것이 상대에게 큰 폐를 끼치는 것이며, 불쾌감을 주는 행동이라고 믿는 경우이다. 이런 사람은 평소에 '사람은 기본적으로 위험하고 무서운 존재'라는 생각을 하고 있을 가능성이 높다. 역시 인간관계력에 대한 자아 이미지가 낮은 것과 관계가 있다. 이때도 역시 그 근간에 자리하고 있는 미움 받는 것에 대한 불안감에 초점을 맞춰 퀵 마인드풀니스 테크닉으로 마음의 습관을 완화시켜나가자.

또 '너무 완벽하게 일을 하려고 하기 때문인지 요령이 없다는 지적을 받는다'는 경우도 있고, '동료에게 지고 싶지 않다는 생각에 지나치게 애를 쓴다'는 경우도 있다. 이렇듯 그 이유가 무엇인지 깨달았다면 퀵 마인드풀니스 테크닉을 실행해 마음의 습관을 완화하는 습관을 들이도록 하자.

부탁 받지 못하는 불안감,
거절하지 못하는 괴로움

상사나 동료에게서 "이 일 좀 도와줄래요?"라는 부탁을 받을 때가 종종 있을 것이다. 그럴 때 '안 그래도 일이 많아서 힘든데…'라고 생각하면서도 한편으로는 기분이 좋아지기 마련이다. 상대방에게 필요한 사람이 된 것 같다는 느낌이 들기 때문이다. 그리고 일을 도와준 후 결과가 좋아서 나중에 상대방으로부터 감사의 인사라도 받으면 기분은 더 좋아진다.

누군가가 자신에게 부탁을 하거나 도움을 청하기를 고대하는 사람도 있다. 그런 사람은 반대로 누군가에게 부탁을 받지 못하면 불안하고 초조해진다. 그만큼 누군가에게 필요한 사람이 된다는 데 의미를 부여하는 것이다.

물론 타인의 부탁을 흔쾌히 들어주고 일을 도와주는 행위에는 긍정적인 측면이 많다. 감사의 인사를 받을 수도 있고, 자신에 대한 그 사람의 평가도 높아질 것이다. 그러나 역효과를 낼 때도 많다. 다른 사람이 자신을 필요로 한다는 것이 기쁜 나머지 자기 일이 바쁜데도 부탁을 거절하지 못하는 경우가 있는 것이다. 그 결과 자신의 일은 점점 늘어난다. 그리고 결국 자신의 한계 이상의 일을 하게 되지만, 그럼에도 계속 부탁을 거절하지 못한다.

게다가 계속 일을 도와주면 그것이 당연한 것이 되어버린다. 이런 일이 일상이 되면 상대는 부탁을 하면서도 고마워할 줄 모르게 된다. 무리해서 남들보다 많은 일을 하고 있는데도 그 상황을 당연하게 받아들이게 되면 사람들이 자신에게 고마워했으면 좋겠다고 생각한 나머지 더 많은 일을 떠맡는 악순환에 빠지고 만다.

부탁을 들어주면 처음에는 상대방도 고마워한다. 그러나 얼마 안 가 그 상황을 당연하게 여기게 된다. 따라서 더 강도가 높은 부탁을 들어줘야 고마운 마음을 갖게 되며, 결국은 아무리 무리를 해서 부탁을 들어줘도 그것을 당연하게 여기며 고맙다는 말을 하지 않게 된다. 남들보다 일을 몇 배는 더 하는데 아무도 고맙게 여기지 않을뿐더러 오히려 너무 바쁜 탓에 저지르는 작은 실수에 짜증을 내는 경우도 있다.

이런 상태가 계속되면 '이렇게 많은 일을 한다고 해서 고마워하는 것도 아닌데, 언제까지 이렇게 해야 하지?'라는 생각과 함께 불안감도 강해지지만, 그 상황에서도 부탁을 거절하지 못한다. 부탁을 거절하면 감사하는 마음은 고사하고 '나를 싫어하게 되는 건 아닐까?' 하는 불안감마저 들기 때문이다. 타인이 자신에게 감사하는 마음을 갖는 게 중요한 사람에게 이런 반응은 무엇보다 두려운 일이다.

업무와 관련된 부탁을 거절하는 것은 두려움뿐만 아니라 죄책감을 동반하기도 한다. 객관적으로 보면 타인의 업무를 지나치게 많이 떠맡고 있음에도 불구하고 본인이 해야 할 일을 하지 않았다고 생각하는 것이다.

일을 지나치게 많이 끌어안고 사는 사람은 이런 경향에 빠지기가 쉽다. 그러나 이런 사실을 깨닫는 것만으로도 달라질 수 있다. 깨달았을 때가 바로 기회의 순간이다. 그 기회를 놓치지 말고 거절하는 연습을 조금씩 해나가도록 하자.

그러나 인간관계력에 대한 자아 이미지가 낮은 사람은 '나는 절대 거절 같은 건 못해'라고 생각하기 쉽다. 거절을 함으로써 상대방에게 불쾌감을 주는 것이 무엇보다 두렵기 때문이다. 마음 깊은 곳에서 일어나는 '부탁을 거절하고도 사람들한테서 인정을 받기는 어려울 거야'라는 생각에 불안해지기 때문이다. 그래서 '회사에서 내 위치를 확실히 하려면 다른 사람들보다 일을 몇 배는 더 많이 해야 돼', '업무 부탁을 거절하면 여기에 계속 있기가 힘들 수도 있어'라는 생각을 하게 된다.

자신이 이렇듯 거절을 잘 못해 괴로운 사람이라면, 이 마음 깊은 곳에 자리한 불안감에 초점을 맞추고 퀵 마인드풀니스 테크닉으로 공포심을 해소해나가자. 공포심이 사라지면 냉정하게 판단할 수 있게 되며, 마음의 습관도 완화된다.

타인의 평가 앞에
한없이 작아지는 사람들

사람들 앞에 설 때 긴장하는 것은 누구나 마찬가지다. 그런데 회사 업무와 관련된 스피치나 프레젠테이션을 할 때 지나치게 긴장한 나머지 제대로 말을 하지 못해 업무에 차질을 빚는 사람도 있다. 이런 사람은 스피치나 프레젠테이션에 대해 심한 부담감을 느끼는 까닭에 사람들 앞에 서는 것을 극도로 피하게 된다. 실제로 스피치나 프레젠테이션을 거부하는 사람도 있을 정도다.

이 고민의 특징은 피할수록 부담감이 커진다는 것이다. 언제 사람들 앞에서 말해야 할 상황이 닥칠지 몰라 계속 불안하고, 실제로 프레젠테이션 계획이 잡히면 그날부터 프레젠테이션을 하기까지 잠을 이루지 못하는 사람도 적지 않다. 프레젠테이션 당일에도 자신을 진정시키기 위해 필사적으로 노력한다. 이럴 때 사람들은 주로 "괜찮아. 걱정하지 마"라고 혼잣말을 계속 되뇌기도 하고 심호흡을 하며 안정을 찾으려 애쓰기도 한다. 그러나 긴장감을 풀기 위한 이런 방법이 효과가 있었다고 말하는 사람을 나는 거의 본 적이 없다. 긴장감을 없애려고 하면 할수록 오히려 더 긴장하게 되기 때문일 것이다.

스피치나 프레젠테이션을 할 때 압박감을 느끼거나 긴장을 한다면, 그 이유를 자기 자신에게 물어보자.

"왜 이렇게 긴장하는 거야?"

"뭐가 그렇게 부담스러워?"

그리고 자기 마음이 어떤 대답을 하는지 관찰하자. 이때 많이 나오는 대답은 "사람들 앞에서 창피 당할까봐 그래", "혹시 실수라도 하면 사람들이 나를 무능한 사람이라고 생각할 수도 있잖아", "사람들한테 실망감을 주고 싶지 않아" 등이다. 이 대답들을 요약해보면 '주변 사람들이 나를 얕잡아 보게 될까봐 두렵다'는 것이다. 그런데 이렇게 주변 사람들의 평가를 중요하게 여기는 한은 스피치나 프레젠테이션을 하기 전에 항상 긴장하고 압박감을 느낄 수밖에 없다.

반면 주변의 평가가 낮아지는 것이 별일 아니라고 생각하면 마음이 편해진다. '나에 대한 평가는 다른 사람이 아닌 내가 하는 거'라고 생각하는 것이다. 그 대처법으로 "나는 나야. 다른 사람이 어떻게 평가하든 상관없어", "더 긴장해도 돼" 같은 말을 자신에게 해주는 것도 좋다. "괜찮아"라든가 "진정해" 같은 말보다 훨씬 효과가 있다. 의미 없이 하는 "괜찮아"라는 진정성 없는 말은 거짓말처럼 느껴질 뿐이다. "진정해"라고 말하면 긴장하고 있는 자신을 부정하는 듯하기 때문에 오히려 역효과가 날 수도 있다. '노력 역전의 법칙'이 작용하는 것이다. 예를 들어, 면접 보는 자리에서 면접관에게 이런 말을 들으면 어떤 기분이 들 것 같은가?

"그렇게 긴장할 필요 없어요. 긴장 풀고 편안하게 하세요."

이 말을 듣고 나면 아마도 더 긴장하게 될 것이다. 자신이 긴장하고 있다는 사실을 부정당했다고 느껴서 압박감을 느끼게 되기 때문이다.

반면, 이런 말을 듣는다면 어떨까?

"면접 보는 자리에서는 당연히 긴장되기 마련이죠. 이해합니다. 긴장한 상태여도 상관없으니 시작합시다."

자신이 긴장하고 있는 상태를 상대도 이해한다는 말에 마음이 편해져서 말이 술술 나오게 될 것이다.

그러니 처음에는 어려울지 모르지만, 스피치나 프레젠테이션을 시작하기 전에 자신의 긴장감이나 압박감을 긍정하는 말을 해보기 바란다. "많이 긴장되는구나! 그래, 긴장할 법도 하지", "다른 사람들도 이런 상황이면 다들 긴장할 거야", "실수 좀 하면 어때!" 등의 말을 해주는 것이다.

이럴 때는 퀵 마인드풀니스 테크닉도 도움이 된다. 스피치나 프레젠테이션을 시작하기 직전, 긴장하고 있는 상황에서 이용해보

자. 그러면 긴장감이나 압박감을 '괜찮다', '안 괜찮다'라는 판단을 배제하고 관찰할 수 있게 돼 차분하게 스피치나 프레젠테이션에 임할 가능성이 높아진다.

긴장감이나 압박감이 지나치게 강한 것은 인간관계력에 대한 자아 이미지가 낮은 것과 관련이 있을 때가 많다. 마음속 깊은 곳에

"남들이 다 보고 있는데, 잘해야 하는데… 긴장돼."

'미움 받고 있어', '바보 취급을 당하고 있어' 같은 불안감을 안고 있을 수 있는 것이다. 이 불안감에 초점을 맞춰 퀵 마인드풀니스 테크닉을 해보자. 사람들 앞에 서면 필요 이상으로 긴장하고 압박감을 느끼는 마음의 습관이 완화돼 좀 더 편안하게 말을 할 수 있게 될 것이다.

"나는 나.
다른 사람이 어떻게 보든 상관없어.
긴장되면 긴장되는 대로…."

미움 받을지 모른다는 불안감에
모두와 친해질 필요는 없다

직장인들이 느끼는 고민 중에서는 업무 능력에 대한 고민이 가장 클 것 같지만 실제로는 그렇지가 않다. 직장에서 사람들과의 대화, 그중에서도 사적인 대화에 능숙하지 않아 고민이라고 하는 사람들이 의외로 많다. 이야기를 자세히 들어 보면 다른 사람들은 직장에서도 친한 친구처럼 서로 잘 지내는데, 자신은 그게 잘 안 돼서 불안하다는 것이다.

그러나 직장에서의 인간관계는 친구 관계와는 다르다. 자신이 선택해서 맺은 관계가 아닌 것이다. 거기에는 성격이 맞는 사람도 있고, 맞지 않는 사람도 있게 마련이다. 자신이 선택한 인간관계가 아니기에 친구 같은 분위기를 만드는 것은 무리일 수 있다. 게다가 직장이라는 곳은 친구를 만드는 데가 아니다. 물론 결과적으로 친한 친구가 생길 수도 있다. 그러나 그것이 절대 조건은 아니다.

직장에서 커뮤니케이션을 하는 목적은 업무를 원활하게 진행하는 데 있다. 그러니 반드시 친밀한 관계가 될 필요는 없다. 오히려 감정이 지나치게 개입돼서 문제를 일으키는 경우도 있다. 냉정하게 말하자면 목적을 달성하기 위해서는 서로가 건조한 관계를 유지하는 편이 효율적일 수도 있다.

직장에서 친밀도가 최우선 순위가 돼버리면 주객이 전도되게 된다. 물론 좋은 관계를 유지할 필요가 없다는 말은 아니다. 관계가 나쁘면 일을 원활하게 진행하기가 힘들어지기도 한다. 그러나 친밀해지지 않아도 업무상의 커뮤니케이션을 원활하게 진행할 수는 있으며, 그것으로 충분하다.

사람들 사이에는 다양한 관계가 있다. 1단계는 '얼굴을 아는' 관계, 2단계는 '사실을 공유하는' 관계, 3단계는 '마음이 서로 통하는' 관계다. 모든 사람과 3단계의 관계를 맺을 필요는 없다. 다른 부서 사람들끼리라면 1단계, 얼굴을 아는 관계로도 충분하다. 같은 프로젝트를 진행하는 사람들끼리라면 2단계, 사실을 공유하는 관계가 바람직할 것이다. 직장에서 3단계, 마음이 서로 통하는 관계는 굳이 원하지 않는다면 만들 필요가 없다. 그래도 일을 하는 데는 전혀 지장이 없다.

만약 직장에서 인간관계에 관한 불안감이 생겼다면 상대와의 인간관계가 어떤 단계에 해당하는지 확인해보자. 업무상의 커뮤니케이션이 원활해야 함에도 관계가 나쁘다면 일을 하기가 쉽지 않을 것이다. 그럴 때는 업무 내용을 공유할 수 있을 정도로 관계를 개선하면 된다. 그러나 하나를 말하면 열을 알아들을 정도로 관계를 개선할 필요는 없다.

친밀한 사람이 회사에 없는 것이 문제라면 회사 밖에서 찾아봐도 좋다. 사내에서는 좋은 의미에서 건조한 관계를 유지하고, 그것을 당연하게 여길 수 있다면 마음이 편해질 것이다.

회사에서 '모든 사람과 친밀하게 지내야 해'라고 생각한다면, 그것은 지나친 생각이다. 만약 머리로는 그럴 필요가 없다고 생각하면서도 '모든 사람과 친밀해져야 해'라고 생각한다면 인간관계력에 대한 자아 이미지가 낮은 사람일 수도 있다. 사람들로부터 미움받을지도 모른다는 강한 불안감이 마음속 깊은 곳에 자리하고 있을 가능성이 있는 것이다. 그럴 때는 마음속에 있는 미움 받을지도 모른다는 불안감을 줄여나가는 게 급선무다. 퀵 마인드풀니스 테크닉으로 불안감을 해소해나가면 사람 사이의 거리감에 대해 냉철하게 파악할 수 있게 된다. 그리고 사람들과 친밀하게 지내야 한다는 압박감이 사라져 안심하고 부족하지도 과하지도 않은 커뮤니케이션을 할 수 있게 될 것이다.

직장에서 커뮤니케이션을 하는 목적은
업무를 원활하게 진행하는 데 있다.
그러니 반드시 모든 사람과
친밀한 관계가 될 필요는 없다.

"내 말이!"

좋아하는 일을 하지 못하는
나는 패배자일까?

상담을 하다보면 "지금 하고 있는 일이 마음에 들지 않아요"라거나 "일이 제 적성에 맞지 않아요"라고 말하는 경우를 자주 접하게 된다. 지금 하는 일에 만족하지 못하기 때문에 불안하고 찜찜한 기분으로 하루하루를 살아간다고 말하는 사람도 많다.

이렇게 말하는 사람들의 마음속에는 '내가 좋아하는 일을 하면서 살아야 해'라는 생각이 강하게 자리 잡고 있다. 물론 일이라는 것은 일상생활에서 큰 비중을 차지하는 것이므로 자신이 좋아하는 일을 하면서 산다면 그보다 좋을 수는 없을 것이다. 그런데 한 가지 알아두어야 할 것은, 좋아하지 않는 일을 하면서 살 때는 좋아하는 일을 하는 삶을 강하게 동경하지만, 막상 좋아하는 일을 해보면 기대만큼 좋지 않을 때도 많다는 것이다.

좋아하는 일을 직업으로 삼는다고 해서 항상 즐거운 것은 아니다. 언제나 생각한 대로 일이 풀리는 건 아니기 때문이다. 좋아하는 일이 잘 풀리지 않는 상황에서도 일을 끝까지 해내야 한다. 항상 즐거운 시간을 보낼 수 있다는 보장도 없다. 괴로울 때도 당연히 있다. 그러다 보니 좋아서 시작한 일이었는데, 하다 보니 그 일이 점점 싫어진다고 하는 사람도 있다.

물론 좋아하는 일을 직업으로 삼아 하루하루를 만족스럽게 살아가는 사람도 있다. 그러나 아마 그도 처음부터 만족스러웠던 건 아닐 것이다. 일이 잘 풀리지 않을 때나 괴로울 때도 있었지만 그 상황을 극복하고 안정 궤도에 오를 때까지 궂은일도 마다하지 않았기에 오늘에 이를 수 있었을 것이다.

좋아하는 일을 직업으로 삼고자 할 때 처음부터 즐겁고 행복한 상황만을 기대한다면, 안타깝지만 그 바람은 이루기 어려울 수도 있다. 좋아하지 않는 일을 할 때는 물론, 좋아하는 일을 할 때도 불만족스럽고 힘든 상황은 벌어지게 마련이다. 중요한 것은 그런 불만족스럽고 힘든 상황을 견뎌내는 힘, 즉 '욕구불만 내성'을 키우는 것이다. 힘든 상황을 견뎌낼 힘이 없으면 무슨 일을 하더라도 잘 풀리지 않을 수밖에 없다.

좋아하는 일을 직업으로 삼고 싶다고 생각하는 사람 중에는 '내가 좋아하는 일을 하는 회사에 취직할 수만 있다면…' 하고 생각하는 경우가 많다. 여기에는 'OO만 이뤄지면 만족스러울 거야'라는 생각이 깔려 있다. '내가 좋아하는 일을 하는 회사에 취직할 수만

중요한 것은
'좋아하는 일을 직업으로 삼는가, 않는가'가 아니라
'욕구불만 내성이 높은가, 낮은가'다!

"꼭 좋아하는 일을
해야 하는 건 아니야."

있다면 황금빛 인생이 기다릴 거야'라는 생각일 것이다. 그런데 이 것은 마음속에서 그린 이상으로, 언젠가는 그 이상과 실제 현실과의 괴리 때문에 괴로워질 수도 있다.

이런 문제를 해결하는 데는 두 가지 방법이 있는데, 첫 번째 방법은 마음속 이상을 순순히 따르는 것이고, 두 번째 방법은 이상의 벽을 낮추고 그 낮아진 이상을 따르는 것이다.

어느 쪽을 선택하는 게 좋을지는 연령대에 따라 다를 수 있다. 언제든 새 출발을 할 수 있는 20대라면 마음속의 이상을 좇는 것도 좋을 것이다. 그러나 30대, 40대, 50대가 이상을 좇을 경우에는 이상과 현실의 차이로 인한 괴로움이 클 수도 있다. 연령대가 높아질수록 그 타격은 더 클 것이다. 현재의 직장보다 급여 등의 조건이 훨씬 열악함에도 좋아하는 일이라는 이유만으로 선뜻 이직을 선택하기는 쉽지 않은 일이다. 반드시 만족스러운 인생이 기다리고 있다는 보장도 없다.

현실에 불만이 많으면 '이대로는 안 돼'라는 불안감이나 초조함 때문에 뒷일은 생각하지도 않고 중대한 결단을 내리게 되는 경우가 종종 있다. 이렇게 경솔한 결정을 내리지 않기 위해서는 그 일이 얼마나 가능성 있는 일인지를 현실적으로 검토할 필요가 있다. 검토 결과, 잘될 가능성이 높다면 도전해볼 만하겠지만, 잘될 가능성이 거의 없다는 결론이 났다면 다시 생각해봐야 한다. 그럼에도 불구하고 이직을 강행하는 경우가 있는데, 이런 경우 나중에 후회할 수도 있으니 신중하게 결정해야 한다. 물론 어려움을 극복하고 결국 성공할 가능성도 없지는 않다. 다만 감정을 배제하고 현실적으로 검토해 자신에게 최선이라고 판단되는 길을 선택하는 것이 중요하다.

좋아하는 일을 하지 못하는 데 대한 불안감이나 욕구불만이 강하다면, 그 이유를 자기 자신에게 물어보자.

"그렇게 불안한 이유가 뭐야?"

"뭐가 그렇게 불만족스러워?"

그 이유가 명확하기만 해도 마음이 정리될 때가 있다. 이런 질문과 대답에도 불안감이나 욕구불만이 가라앉지 않는다면, 감정에 휩쓸리지 않도록 지금 느끼고 있는 불안감이나 욕구불만에 초점을 맞춰 퀵 마인드풀니스 테크닉을 실행해보자. 그러면 고조되었던 감정이 조금은 누그러지고 욕구불만 내성도 높아지게 된다.

근본적인 문제는 '좋아하는 일을 직업으로 삼는가, 않는가'가 아니다. 중요한 것은 '욕구불만 내성이 높은가, 낮은가'다. 욕구불만 내성이 낮으면 불안감도 강해지고, 쉽게 좌절하게 된다. 또한 어떤 일을 일관되게 진행하기도 어려워진다. 욕구불만 내성이 낮으면 좋아하는 일을 직업으로 삼지 못할 때는 물론, 좋아하는 일을 직업으로 삼더라도 쉽게 좌절할 수 있기 때문에 결국은 일이 제대로 풀리지 않게 된다.

반대로 욕구불만 내성이 높으면 좋아하지 않는 일을 계속하더라

도 불안감이나 불만이 커지지 않는다. 어떤 일에 도전하다가 장애
물을 만나더라도 냉정하게 상황을 판단할 수 있게 돼 위기를 극복
하고 성공할 가능성이 높아진다.

어딜 도망가냐옹?

연애에
미숙한 사람들을 위한
처방전

도대체 연애는
어떻게 시작하는 건가요?

연애 상담을 할 때 가장 많이 듣는 고민은 연애 상대를 만날 기회가 없다는 것이다. 평일에는 집과 직장만 왔다 갔다 하고, 휴일에도 집에만 있을 때가 많아서 이대로 이성과 만나보지도 못하고 나이만 먹을 것 같은 불안감이 든다는 사람들이 많다. 이런 고민을 하는 사람들 대부분은 그걸 알면서도 무엇을 어떻게 해야 할지 모르겠다고 한다.

그런데 요즘의 연애 방식에 대해 잘 모르는 내가 봐도 그런 환경에서는 이성과 만날 일이 당연히 없을 듯하다. 그러나 사실 진짜 문제는 환경이 아니다. 이성과 만나기 힘든 환경에 놓여 있다면 본인이 움직여서 그 환경을 바꿀 수도 있기 때문이다. 하지만 이야기가 그렇게 간단하지만은 않다.

내가 "이성을 만날 가능성이 있는 곳으로 가보면 어떨까요?"라고 제안해도 행동으로 옮기는 사람은 의외로 적다. 만날 기회가 없어서 고민하면서도 보이지 않는 사슬에 묶여 있기라도 한 듯 움직이지 못하는 것이다.

이들은 왜 행동을 하지 못하는 걸까? 그 원인 중 하나는 '이성을 만날 수 있을 것 같은 곳으로 간다'는 목표를 갖고 있지 않기 때문이다. 이성을 만날 만한 곳으로 가는 것 자체가 어렵게 느껴진다면, 목표를 달성하기까지의 과정을 단계를 나눠서 설정하고, 그 단계를 하나하나 달성해나가는 것도 방법이다.

목표에 이르기 위해 필요한 단계를 구체적으로 설정해보자.

'이성을 만날 수 있을 것 같은 곳으로 간다'는 목표에 이르려면 우선 두 단계를 거쳐야 한다. 첫 번째는 이성을 만날 방법을 찾는 것이고, 두 번째는 이성을 만나기 위한 행동을 취하는 것이다.

해야 할 일을 알았으니 이제 좀 더 구체적으로 살펴보자.

먼저 이성을 만날 방법을 찾기 위한 방법 가운데 진입장벽이 낮고 바로 할 수 있는 것은 무엇일까를 생각해본다. 예를 들면, 스마트폰이나 컴퓨터로 검색을 해볼 수도 있을 것이다. 이 방법이라면 상대와 만나지 않고 혼자서도 할 수 있다. 가령 인터넷에서 '결혼 정보 회사'를 검색해볼 수 있을 것이다. 실제로 많은 정보가 나올 것이다. 그중에는 좀 의심스러운 곳도 있을지 모르지만 경험 많고 평판이 좋은 곳도 있을 것이다.

이 단계가 쉬울 것 같지만, 사실 이 단계에서 앞으로 나아가지 못하는 사람이 의외로 많다. 정보가 너무 많다보니 오히려 혼란스럽고, 선택하기도 어려운 것이다.

이럴 때는 먼저 자신과 잘 맞을 것 같은 곳을 세 군데만 골라보자. 이때 중요한 것은 몇 군데를 고를지를 정하고, 어쨌든 일단 한번 해보는 것이다. '세 군데'라는 한도를 정하고 고르면 좀 더 구체적인 이미지가 떠오르게 되고, 실행하기도 쉬워진다. 그리고 '일단 해보자'라는 자세로 임하면 된다.

어쨌든 성공의 비결은 행동 목표를 빨리 정하고, 바로 행동으로 옮기는 것이다. 이렇게 전체 목표를 세분화해 단계별로 작은 목표를 설정하면 각 단계별 진입장벽이 낮아져 행동하기가 훨씬 쉬워진다.

그러나 아무리 진입장벽을 낮춰도 움직이지 못하는 경우가 있다. 심리적인 브레이크가 걸려 있기 때문이다. '일단 해보자'라는 자세로 임하면 해결될 때도 많지만, 브레이크 자체를 풀 필요가 있을 때도 있다.

이 심리적 브레이크를 풀 때 중요한 것은 심리적인 접근법에 지나치게 의존하지 않는 것이다. 행동 목표는 제쳐놓고 심리적 브레이크를 푸는 데만 집중하게 될 수도 있기 때문이다. 자동차 브레이크가 계속 걸리는 고장이 나서 문제라면 우선 브레이크를 고쳐야겠지만, 운전자의 운전 습관도 함께 점검해보고 자동차 조작 방식에도 변화를 줘야 하는 것이다. 마찬가지로 심리적 브레이크를 푸는 동시에 구체적으로 행동하는 것도 잊지 말아야 한다.

심리적 브레이크를 푸는 것과 구체적인 행동 사이에는 어느 정도 균형이 유지되어야 한다. 이 균형을 유지하기 위해서는 먼저 구체적인 행동 목표를 세운 다음, 목표에 대한 심리적 브레이크를 푸는 흐름으로 진행할 필요가 있다.

예를 들어, '이성을 만날 방법을 찾기 위해 검색을 한다'는 목표를 세웠는데, 검색하는 데 대해 자꾸 심리적 브레이크가 걸린다면, 여기에는 반드시 어떤 부정적인 감정이 관여되어 있을 수 있다. 그렇다면 먼저 그 부정적인 감정의 크기를 0부터 10까지의 숫자로 수치화하고, 그 부정적인 감정에 초점을 맞춰 퀵 마인드풀니스 테크닉을 실행해보자. 마음이 안정되고 편해질 때까지 반복하면 서서히 심리적 브레이크가 풀릴 것이다. 인터넷으로 검색하려고 할 때마다 무거워졌던 마음이 가벼워져서 아무렇지 않게 검색을 할 수 있게 된다.

지금까지 '이성을 만날 수 있을 것 같은 곳으로 간다'는 목표를 구체적인 행동 목표로 세분화하고 행동으로 옮기는 방법과 심리적 브레이크를 푸는 방법에 관해 설명했다. 이 흐름을 참고해 다른 문제들에도 도전해보자. 이때도 역시 목표를 세분화하고 감정적 브레이크를 풀어나가면 머지않아 목표를 달성할 수 있게 될 것이다.

그러나 진짜 목표는 연애 상대와 만나는 것이다. '이성을 만날 수 있는 곳으로 간다'는 목표를 달성하더라도 연애 상대가 생긴다는 목표를 이루기까지는 장애물이 있을 수 있다. 이것도 역시 전체 목표를 작게 세분화해서 구체적인 목표를 세우고 하나하나 진행해나갈 필요가 있다. 사람을 만난다고 해서 당장 연애를 할 수 있는 것은 아니지만 최소한 연애의 기회는 만들 수 있을 것이다. 우선은 자신이 희망하는 상태로 가기 위해 한 발 한 발 착실하게 앞으로 나아가는 것이 중요하다.

세상 누구라도 얼려버리는
연애할 때의 긴장감

마음에 드는 이성을 만났지만 좀처럼 가까워지지 않아서 초조하고 불안했던 경험이 누구에게나 있을 것이다. 상대와 이야기라도 할라 치면 왠지 모르게 긴장되는 탓에 얼어버리고 마는데, 이럴 때는 평소의 자신과는 완전히 다른 사람이 된다.

한편, 연애 대상이 아닌 경우는 이성일지라도 자연스럽게 대화를 나눌 수 있었던 경험도 누구에게나 있을 것이다. 아이러니하게도 연애 대상이 아닌 이성과는 이처럼 자연스럽게 마음을 터놓을 수 있기 때문에 호감 가는 모습을 보여주기도 쉽다.

세상에는 이성과 친해지기 위한 테크닉이 넘쳐난다. 이성 앞에서 냉정함을 유지할 수 있는 사람이라면 그런 테크닉을 사용할 수도 있을 것이다. 그러나 긴장해서 여유가 없어지면 그런 테크닉을 제대로 구사하지 못해 실패할 때가 많다.

관심 가는 사람과 친해지지 못하게 방해하는 가장 큰 요소는 바로 긴장감이다. 사람은 긴장을 하면 얼어버리기 때문에 호감 있는 모습을 보일 수도 없고 편하게 이야기를 나눌 수도 없게 된다. 이렇게 긴장하는 가장 큰 이유는 '나를 싫어하게 될지도 몰라'라는 생각에서 오는 강한 불안감 때문이다. 호감을 주고 싶다는 생각이 지나치게 강하면 역으로 자신을 싫어하게 될지도 모른다는 생각에 사로잡히게 된다. 대인공포증과 비슷한데, 호감을 줘야 한다는 생각을 하면 할수록 말과 행동이 경직되게 되는 것이다. 여기서도 역시 노력 역전의 법칙이 작용한다.

긴장해서 얼어버리지 않으려면 '나를 싫어하더라도 어쩔 수 없다'고 생각하는 것이 중요하다. 실제로 사람들은 연애 상대로 생각하지 않는 이성 앞에서는 의식적으로 호감을 주고 싶다는 생각을 거의 하지 않는다. 호감을 주든, 주지 못하든 상관없고, 그런 생각 자체를 하지 않기 때문에 대화를 할 때 여유로울 수가 있다. 그럴 때는 자기다움을 유지할 수 있어서 자연스럽게 자신의 매력을 어필할 가능성도 높아진다.

그러니 먼저 '호감 가는 모습을 보여주지 못해도 상관없어', '나를 싫어하게 되더라도 어쩔 수 없지'라고 생각을 바꿔보려고 노력하자. 이렇게 생각을 바꿀 수 있다면 맘에 드는 이성 앞에서 전보다 훨씬 자연스럽게 행동할 수 있게 되고, 대화도 편하게 할 수 있어 친밀감을 줄 가능성이 높아진다.

그런데 호감을 주고 싶다는 의식을 바꾸기가 어려워서 계속 말과 행동이 딱딱해지는 사람도 있다. 그럴 때는 관심이 가는 이성과 대화할 때 초기 단계의 퀵 마인드풀니스 테크닉을 실천해보는 것도 좋다.

그 포인트만 간단하게 설명하면 다음과 같다.

★ 마음에 드는 이성과 대화할 때 긴장을 푸는 방법

1. 상대와 대화를 나누려고 하는데 긴장감이 높아졌다면 두 주먹을 힘껏 쥔다. 두 주먹을 쥐기 어려운 상황이라면 한쪽 주먹만 쥐어도 괜찮다.

2. 주먹을 쥐는 힘이 긴장의 강도를 웃돌 때까지 천천히 힘을 더 준다. 이때 주먹을 쥐는 힘이 긴장의 강도를 이겼다는 느낌이 들 때까지 힘을 주는 것이 중요하다.

3. 그러면 지금까지 통제되지 않던 긴장감을 내 의지로 이겼다고 생각할 수 있게 돼 기존에 가지고 있던 '긴장을 하고 안 하고는 내 의지로 어떻게 할 수 있는 게 아니야' 라는 생각이 약해진다. 이제 긴장감을 통제할 수 있다고 생각할 수 있게 되는 것이다.

4. 두 주먹에 주고 있던 힘을 조금 빼는 동시에 '호감을 주지 못해도 상관없어' 라는 생각을 하자. 이 테크닉에 익숙해지면 마음에 드는 이성 앞에서도 관심 없는 사람과 대화할 때처럼 자연스럽게 말을 할 수 있게 된다.

원래 커뮤니케이션 능력이 있는 사람이라면 상대와 더 빨리 친

밀해질 수 있을 것이다. 또 커뮤니케이션에 자신이 없는 사람도 퀵 마인드풀니스 테크닉을 반복하면 조금씩 상대와 좋은 관계를 쌓아 갈 수 있게 될 것이다.

사랑하지만 편치 않은 우리,
이대로 괜찮은 걸까?

모처럼 마음에 드는 이성을 만나 사귀기 시작했는데, 만남이 거듭 될수록 둘 사이의 분위기가 나빠져서 고민이라고 하는 사람이 있다. 자신도 왜 그러는 건지는 도저히 모르겠지만, 이대로 가다가는 두 사람 사이가 파국으로 치닫게 되는 건 아닐까 싶어 불안하다고 한다. 크게 싸운 것도 아니고, 서로 상대방을 배려하고 있고 특별히 문제가 있는 것도 아닌데, 둘이 함께 있으면 이상하게 짜증이 나고 마음이 편치 않다고 한다. 상대방의 태도도 처음 사귀기 시작했을 무렵만큼 친밀하지 않은 걸 보면 그도 어딘가 불편해하는 것 같은 느낌이라고 한다.

이들의 연애 전선에 대체 무슨 일이 일어나고 있는 걸까?

이런 때는 사실 상대방에게 어떤 불만을 갖고 있기 때문인 경우 가 많다. 불만이 있지만 분위기를 깨는 게 싫어서 애써 웃으면서 겉으로 표현하지 않고 있는 것인데, 이런 행동이 오히려 역효과를 내는 것이다. 만약 상대방도 비슷한 유형이라면 다른 사람들 눈에는 아주 사이가 좋은 커플로 보이기도 한다.

그러나 의외로 이런 커플이 어느 날 갑자기 헤어지는 일이 많다. 서로에 대한 불만이 쌓여가고 있는데도 꾹 참고 지내다가 어느 한쪽이 인내심에 한계를 느끼는 순간 폭발해버리게 되는데, 그러면 나머지 한쪽도 그동안 참았던 분노를 표출하게 된다. 그때까지 싸움다운 싸움을 한 번도 해 본 적 없던 커플이 갑자기 심하게 싸우는 것이다. 이런 경우는 대개 서로가 어느 정도 선에서 타협해야 하는지 알지 못하는 경우가 많다. 두 사람 다 불만이 쌓일 만큼 쌓여 있는 상태에서 싸우는 것이기 때문에 상대방의 주장을 이해하거나 받아들일 마음의 여유가 없다. 그래서 평행선을 달리며 격렬하게 부딪히기 때문에 헤어질 가능성도 높은 것이리라.

이때 두 사람이 정말 헤어질 마음으로 그랬냐 하면, 그럴 생각은 전혀 없었던 경우도 많다. 이런 식으로 그동안 서로 쌓이고 쌓인 감정을 갑작스럽게 터뜨린 끝에 헤어지게 된 커플들은 헤어지고 난 뒤 크게 후회하는 경우가 많다. '그때 내가 왜 그런 말까지 했지?', '그때 그렇게까지 표현하지 않았더라면 헤어지는 일은 없었을 텐데…'라며 후회하는 것이다.

물론 서로가 그만 만나고 싶다고 생각한 경우라면 헤어질 수도 있는 일이다. 그러나 양쪽 모두 관계를 정리할 생각이 아니라면 분위기가 나빠진 상태를 계속 방치해서는 안 된다.

연인들이 헤어지는 가장 큰 이유 중 하나는 평소에 불만을 지나치게 쌓아두는 데 있다. 따라서 서로 불만을 쌓아두지 않을 수 있는 관계를 만들 필요가 있다. 다만 처음부터 이런 관계가 아니었다면 갑자기 둘이 함께 시작하기는 어려울 수도 있으므로 일단은 혼자서라도 시작해보자.

그 첫걸음은 두 사람 관계에서 '자기가 상대방에 대해 무엇을 느끼고 있는가?'를 깨닫는 것이다. 상대방에 대해 불만을 느끼고 있는데도 그것을 깨닫지 못하면 불만이 계속 쌓이게 된다. 따라서 불만이 있다면, 그 사실을 깨달을 수 있는 감수성을 되찾는 것이 중요하다.

불만이라는 감정은 오감으로 치면 촉각에 해당한다. 불안감이 촉각과 관련이 있는 것과 같은 이치다. 이 촉각의 감도를 높이는 데는 퀵 마인드풀니스 테크닉이 도움이 된다. 매일 반복해서 퀵 마인드풀니스 테크닉을 실천하면 촉각의 감도가 높아지게 되는데, 불만이 쌓이기 시작한 초기부터 그 사실을 깨달을 수 있게 된다.

두 사람 중 한 사람이 자신의 불만을 깨닫기만 해도 이들의 연애 흐름은 상당히 달라지게 된다. 기분이 나쁜 상태로 상대를 만나는 일이 줄어들게 되기 때문이다. 이렇게 하면 좋아하는 사람을 만나면서도 둘 사이에 뭔가 걸림돌이 있는 것 같은 느낌을 해소할 수 있게 된다.

불만이 쌓여
불안이 된 커플을 위한 처방전

물론 자신의 불만을 깨닫는 것만으로는 부족할 때도 있다. 불만이 있다는 사실을 깨닫는다고 해서 모든 문제가 해결되는 것은 아니기 때문이다. 처음 두 사람이 사귀기 시작할 무렵에는 관계가 망가질지도 모른다는 불안감에 상대방에게 자신의 불만을 털어놓으려고 하지 않는데, 오히려 참는 것이 두 사람 관계에는 더 위험하다. 시간이 지날수록 서로에 대한 불만의 강도가 세질 수 있기 때문이다. 불만의 강도가 세진 상태에서 싸움이 시작되면 관계를 회복하기가 더 어렵다. 계속해서 불만이 쌓여가는 것이 문제라면 가급적 빨리 대화를 나눌 필요가 있다.

퀵 마인드풀니스 테크닉은 자기 마음속에 있는 불만을 느끼는 감수성을 높여주기도 하지만, 불만을 느꼈을 때 그 불만을 완화시키는 데도 유용하다. 마음에 여유가 생겨 비교적 차분한 분위기에서 대화를 나눌 수 있게 되기 때문에 대화가 싸움으로 발전하는 일이 거의 없다. 설령 싸우게 되더라도 어느 정도 불만이 줄어든 뒤에 싸우는 것이라면 불만이 많이 쌓였을 때보다 마음에 여유가 생겨 관계를 회복하기도 비교적 쉬울 것이다.

오래 사귀는 커플들은 대부분 싸움을 안 하는 것이 아니라 '작은 싸움'을 한다. 싸움의 긍정적인 측면은 싸움을 통해 서로를 더 깊이 이해할 수 있게 된다는 것이다. 게다가 작은 싸움을 하고 화해하기를 반복하다보면 다음에 다시 싸우게 되더라도 관계가 망가지지는 않을 거라는 믿음이 생긴다. 유대감이 강하기 때문에 불만이 있어도 꾹 참는 커플보다 오래 사귀는 경우가 많다.

다만 처음에는 자신의 불만을 상대방에게 털어놓고 대화를 나누는 것이 두려울 수밖에 없는데, 그럴 때는 "뭐가 그렇게 두려운 거야?"라고 자신의 마음에게 물어보자.

"내 말 때문에 기분이 상할지도 몰라."

"화를 낼지도 몰라."

"그러다가 헤어지게 되면 어떡하지?"

아마도 이런 대답들이 돌아올 것이다.

이런 대답 중에는 과민반응인 것도 있지만 타당한 걱정도 있다. 그러나 불만이 있다면 그 불만에 대해 두 사람이 최대한 대화를 나누는 것이 좋다. 그때 상대가 기분 나빠 하거나 화를 내거나 이별을 통보하지 않는다면 자기가 괜한 걱정을 했다는 것을 알게 돼 마음이 편해질 것이다. 만약 작은 싸움이 벌어지더라도 그것은 두 사람의 관계가 회복되려고 하는 신호라고 생각하길 바란다.

반대로 슬쩍 이야기를 꺼냈는데 염려했던 것처럼 상대방이 격하게 반응해 관계가 더 나빠지는 경우도 있다. 그럴 때는 향후 두 사람의 관계에 대해 좀 더 진지하게 생각해볼 것을 권한다. 어쨌든 관계를 망치지 않기 위해 혼자 모든 불만을 삼키고 계속 참는 것만큼은 피해야 한다.

연인 사이가 뭔가 알 수 없는 이유로 삐걱거린다면, 문제가 있다는 것을 알면서도 아무것도 하지 않고 있다가 분위기가 더 나빠지기 전에 일단 자신의 속마음을 상대방에게 털어놔보자. 두 사람 사이가 더 발전하는 계기가 될 것이다.

어쩌면 버려질지도 모른다는 생각에
불안한 걸지도 몰라

"상대방의 기분이 저기압이면 제가 더 안절부절못하게 돼요"라며 고민을 호소하는 사람들이 종종 있다. 상대가 불쾌한 기색을 조금이라도 내비치면 혹시 자기가 무슨 실수를 해서 그 사람 기분이 상했나 하는 생각에 불안해진다는 것이다. 그 불안감은 '이러다 헤어지자고 할지도 몰라'라는 생각으로 발전할 때도 있다.

연애 중인 사람에게 그 상대는 누구보다 소중한 존재다. 그런 존재를 잃는다는 것은 아주 괴로운 일이며, 어떻게든 피하고 싶은 일이다. 피로 연결된 가족 사이에서는 서로 기분 상하는 일이 있더라도 웬만해서는 인연을 끊는 일은 없다. 그러나 연인 관계는 가족만큼 안정된 연결고리가 없다. 때로는 가족 이상으로 소중한 존재지만 사소한 일로도 망가질 수 있는 불안정한 관계인 것이다. 그런 까닭에 연인 관계만큼 불안감에 많은 영향을 미치는 관계도 드물다.

연인 관계와 관련된 지나친 불안감은 또 다른 재앙을 불러오기도 한다. 불안감이 커진 나머지 불만이 있어도 참을 뿐만 아니라 상대의 기분을 해치지 않으려고 지나치게 배려하게 된다는 것이다. 물론 배려 자체가 나쁜 것은 아니다. 그러나 배려 받는 것이 당연해지면 어쩌다 한 번 소홀하게 대했을 때 상대는 바로 불만을 느끼게 된다. '왜 예전처럼 배려해주지 않는 거지?' 하고 말이다.

만약 상대가 이런 생각을 한다는 사실을 알아챘다면 이후에는 관계를 헤치지 않기 위해 아무리 컨디션이 안 좋은 상황에서도 상대를 배려해주려고 애쓰게 된다. 그런데 이런 관계가 계속되면 결국은 배려를 해주는 쪽에서 먼저 지치고 만다. 문제는 그렇다고 갑자기 태도를 바꿀 수도 없다는 것이다. 요컨대 상대를 지나치게 배려해 주다보면 무리하지 않고서는 유지되기 힘든 관계가 되어 간다. 이런 관계가 되면 서로가 괴로울 수밖에 없다.

만약 이런 관계에 빠진 원인이 단순히 서로 궁합이 맞지 않아서라면 새로운 사람을 만남으로써 문제를 해결할 수도 있다. 그러나 누구와 연애를 하든 상대를 지나치게 배려하다 지쳐버리는 유형이라면, 그 원인은 자기 자신의 마음의 습관 때문일지도 모른다.

이런 경우에는 인간관계력에 대한 자아 이미지가 상당히 낮을 가능성이 있다. 그런 사람은 근거 없이 '사람들은 나를 싫어해', '나라는 존재가 상대를 기분 나쁘게 해', '우리 관계를 유지하려면 내가 더 노력해야 해', '언젠가 버려질 거야' 같은 생각을 하고 있을 가능성이 높다. 그리고 마음속 깊은 곳에 버려지는 것에 대한 불안감이 강하게 자리하고 있을 수 있다.

인간관계력에 대한 자아 이미지가 낮으면 상대방의 사소한 태도에도 견딜 수 없을 만큼 강한 불안감을 느끼게 된다. 이 불안감은 자기 스스로 완화시키는 것이 중요하다. 그러기 위해서는 버려질지도 모른다는 강한 불안감을 느꼈을 때 자신의 마음이 그 불안감을 깨달을 수 있어야 한다. 그렇게만 돼도 마음이 편해지는 계기를 만들 수 있다.

자기 마음속의 불안감을 깨닫는 방법으로 먼저, 불안감을 느꼈을 때 종이에 그 불안감에 대해 기록할 것을 권한다. '버려질 거야'라는 불안감이 언제 들었는지, 어떤 상황이었는지 등을 간결하게 기록하는 것이다. 한창 불안감을 느끼고 있을 때는 좀처럼 스스로 의식하지 못하기 마련인데, 기록을 해나가면 서서히 자신을 객관적으로 볼 수 있는 힘이 생긴다. 이게 연습이 되면 나중에는 불안감이 느껴지는 순간, 그 사실을 실시간으로 깨달을 수 있게 된다. 그렇게 불안감을 느끼고 있다는 사실을 깨달았다면 퀵 마인드풀니스 테크닉을 실천해보자.

중요한 것은 양쪽 주먹을 힘껏 쥐었을 때 그 힘이 불안감의 강도를 웃돌게 하는 것이다. 주먹을 통해 자기 힘으로 불안감을 이길 수 있다는 사실을 경험하면 마음이 상당히 편안해진다. 낮았던 자아 이미지도 회복되게 된다.

더불어 다음과 같은 말을 자신에게 들려주면 더 효과적이다.

"사람들은 나의 이 모습 그대로를 사랑해."

"나는 나 자체로 가치 있는 존재야."

"무리해서 상대를 배려하지 않아도 괜찮아."

이와 같은 말은 낮아진 인간관계력에 대한 자아 이미지를 되돌려놓는 데 도움이 된다. 만약 편안한 느낌이 들었다면 그 느낌을 천천히 음미해보길 바란다.

반대로 불안감이 더 강해질 때도 있다. '이 상태로는 사랑받기 힘들어'라는 자아 이미지가 바뀌고자 하는 내 의지를 방해하는 것이다. 이런 상황도 자아 이미지가 회복될 기회라고 생각하자. 불안감이라는 방해요소에 초점을 맞춰 다시 퀵 마인드풀니스 테크닉을 해보자. 마음속 깊은 곳의 불안감이 완화되는 것을 느낄 수 있을 것이다. 자아 이미지가 더 회복되기 때문에 상대방이 기분 나빠 보이더라도 과민하게 반응하지 않게 될 것이다. 일방적으로 상대방을 배려하는 일이 없어지고, 좋은 의미에서 냉정해짐으로써 넘치지도 모자라지도 않을 만큼 배려할 수 있게 될 것이다.

사람들은 내 모습 그대로를 좋아해.
나는 나 자체로 가치 있는 존재야.
힘들게 다른 사람을 배려하지 않아도 돼.
나는 사람들 기분을 좋게 해...

우리 정말
헤어지고 싶은 걸까?

연애 고민 가운데 '이별'은 꽤 중요한 주제 중 하나다. 지금의 관계를 계속 유지할 것인가, 새로운 사랑을 향해 각자의 길을 갈 것인가 하는 중대한 갈림길에 서게 되는 것이다. 누구보다 가까운 사이였던 만큼 고민이 깊을 수밖에 없다.

아무리 사이 좋은 커플이라도 헤어지고 싶다는 생각을 단 한 번도 한 적이 없을 수는 없다. 특히 연애 초기에는 설레는 일도 많지만 실망하는 일도 많을 수밖에 없다. 부침이 심한 시기다. 이 시기에는 연인을 대할 때의 생각도 금방금방 달라질 수 있기 때문에 폭력이라든가 바람기 같은 문제가 아닌 이상 너무 조급하게 결론을 내리지 않는 것이 좋다. 시간을 갖고 신중하게 생각할 것을 권한다.

막상 헤어지고 싶다는 마음이 생겼을 때 사람들은 다양한 방식으로 반응한다. 오랫동안 망설이는 사람이 있는가 하면, 헤어지는 쪽으로 생각이 기우는 사람, 헤어지기로 결심했지만 계속 망설이는 사람… 사람마다 온도 차가 존재한다. 어쨌든 망설이고 있다면 '헤어지고 싶다'는 마음과 '관계를 지속하고 싶다'는 마음이 왔다 갔다 하는 상태라고 할 수 있다. 그런데 이런 상태는 자신도 어떻게 하고 싶은지 모르는 경우일 때가 많다. 이 사실을 깨닫지 못한 채 마음속에서 두 마음이 갈등하게 되면 불안감만 커지게 된다. 그러므로 일단은 자신의 마음을 정확하게 알기 위해 마음을 가시화하는 작업을 해보도록 하자.

우선 "왜 나는 그 사람과 헤어지고 싶은 걸까?"라고 자신에게 물어보자.

"함께 있으면 피곤해."

"너무 자기중심적이야."

"만나기가 힘들어."

"너무 차가운 사람이야."

"경제관념이 나와 맞지 않아."

"내 본심을 말하기가 힘들어."

아주 다양한 이유들이 나올 것이다.

이번에는 "왜 나는 그 사람과 헤어지고 싶지 않은 걸까?"라고 자신에게 물어보자.

"아직 좋아하니까."

"내가 곤란할 때 도와줄 걸 아니까."

"나를 가장 잘 아는 사람이라서."

"헤어지면 외로우니까."

"더 좋은 사람을 만날 거라는 보장이 없으니까."

이 역시 아주 다양한 이유들이 나올 것이다.

다음에는 질문을 받고 자기 마음속에 떠올랐던 목소리를 종이에 적어보자. 헤어지고 싶은 이유와 헤어지고 싶지 않은 이유를 각각 적으면 된다. 이때 자신도 생각해본 적 없었던 마음의 소리를 듣게 될 수도 있다. 이런 마음속 소리까지 가시화해서 고민과 관련된 총체적인 대답을 종합해보자. 이런 작업을 통해 자신의 진짜 마음을 알 수 있게 될 것이다. 이렇게 마음을 정리하게 되면 찜찜함은 줄어들고 자신의 생각이 선명해지기 때문에 마음도 편해진다.

서둘러 결론을 내릴 필요는 없다. 기분이 찜찜해지면 그때그때 종이를 들여다보면 된다. 그리고 마음속 생각과 종이에 적어놓은 생각을 비교해본다. 만약 이때 새로운 생각이 떠오른다면 그 생각을 종이에 계속 적어도 무방하다. 이 가시화 작업을 계속해나가면 자연스럽게 결론이 나올 것이다. 이대로 관계를 계속 유지할 것인지, 아니면 헤어질 것인지 망설임 없이 선택할 수 있게 된다.

만약 가시화 작업을 해보지 않고 아직 찜찜한 상태에서 결별을 강행하면 이후 후회할 수도 있고, 오랫동안 미련이 남아 괴로울 수도 있다. 그러나 자신의 생각을 종이에 적고 곱씹은 다음에 내린 결론이라면 후회하더라도 그 기간이 훨씬 짧아진다.

또한 헤어지는 쪽으로 결론을 내리더라도 관계를 계속 유지하게 될 수도 있다. 자신의 마음 상태에 대해 대화를 나누는 사이에 서로에 대한 이해가 깊어지면서 관계가 더 단단해지는 경우다. 두 사람이 향후 관계를 계속 유지한다는 결론을 내린다 하더라도 가능하다면 적당한 때에 종이에 적었던 내용에 관해 서로 대화를 나눠보자. 이렇게 하면 아무 말 하지 않고 기분이 찜찜한 채로 넘어가는 것보다 훨씬 좋은 관계로 발전할 가능성이 있다.

사실 자기의 속마음을 직시하거나 상대와 진지하게 대화를 나누는 일은 꽤 많은 에너지를 필요로 한다. 스트레스도 많이 받을 수 있다. 만약 그때 마음이 지쳤다면 그 감정에 초점을 맞춰 퀵 마인드풀니스 테크닉을 실행해보자. 그러면 자신의 진짜 마음도 명확해지고 마음의 부담감도 어느 정도 털어낼 수 있게 되기 때문에 이후 어떤 결과가 나오든 자신이 진심으로 바라는 방향으로 나아갈 수 있게 될 것이다.

결혼·육아 때문에
불안한 사람들을 위한
처방전

결혼 문제만 생각하면
머리가 아프다?

교제하던 두 사람의 관계가 안정기에 들어서면 많은 경우, 그 다음 단계로 결혼을 생각한다. 그런데 결혼을 하게 되면 교제 중에 느꼈던 불안감과는 또 다른 불안감이 생겨난다. 결혼에는 상대에 대한 책임은 물론, 사회적인 책임도 뒤따르기 때문이다. 특히 여성의 경우는 현재 연애 상대가 있든 없든 상관없이 결혼에 대한 중압감에 시달리는 경우가 많다. 임신과 출산에 관한 스트레스가 겹치기 때문인데, '이러다 때를 놓치게 되는 건 아닐까' 하는 생각에 마음이 초조해지는 것이다.

결혼도, 출산도 인생에서는 매우 큰 이벤트다. 두 가지가 다 중요한 숙제이기 때문에 두 가지를 동시에 신경쓰다보면 감정이 크게 흔들릴 수도 있다. 그렇기에 더더욱 후회 없는 선택을 할 필요가 있다.

결혼에 관한 불안감이나 중압감에는 여러 종류가 있다. 그중 하나는 결혼은 하고 싶은데 마음먹은 대로 되지 않는 경우다. "결혼은 언제 할 거야?"라고 주변 사람들이 무심하게 내뱉는 말도 불안감을 부추긴다. 여기에는 나이가 차면 결혼은 당연히 해야 한다고 여기는 문화적 영향도 한몫한다. 자기 스스로 '결혼하고 싶어'라고 생각하는 것도 사실은 자신의 의지라기보다 이런 눈에 보이지 않는 문화적 영향의 결과물일 때도 많다.

인간관계력에 대한 자아 이미지가 영향을 끼치고 있을 수도 있다. 옛날 어른들은 툭하면 "결혼을 해야 사람 구실 제대로 하는 거지"라는 말을 하곤 했는데, 자아 이미지가 낮은 사람은 이런 생각에 사로잡혀 결혼을 하지 못하면 자신의 가치가 떨어진다고 생각한다. 무의식중에 결혼과 자신의 가치를 동일시하면서 결혼에 과도하게 집착하는 것이다.

이와 같이 결혼과 관련된 생각에는 자기 스스로 하고 싶다는 주체적인 이유뿐만 아니라 문화적인 영향이나 낮은 자아 이미지에서 비롯된 집착 등이 복잡하게 얽혀 있다. 이렇게 복잡한 만큼 불안감이나 중압감의 정체도 불분명한 경우가 많다.

이렇게 마음이 혼란스럽고 불안한 상태에서는 헛발질을 하기가 쉽고, 상대에 대해 충분히 파악하지 못한 상태에서 결혼을 결정하게 될 수도 있다. 자신이 수긍할 수 있는 결혼을 하려면 먼저 결혼에 대한 자신의 생각을 가시화해 정리할 필요가 있다. 이렇게 마음이 정리되면 여유를 갖고 결혼에 관해 생각할 수 있게 된다. 넓은 관점에서 행동할 수 있으므로 유연성도 생기고 현명하게 판단할 수 있게 된다. 결혼이라는 중요한 선택을 하기 전에 자신의 생각을 파악하기 위한 가시화 작업부터 시작해보자.

먼저 자신의 마음을 향해 "결혼을 왜 하고 싶은 거야?"라고 물어본다.

"좋아하는 사람과 함께 있고 싶어서."

"결혼을 해야 아이를 낳을 수 있으니까."

"부모님이 결혼하라고 성화여서."

"사귀는 사람이 결혼하고 싶어 해서."

"친구들도 다들 결혼을 했기 때문에."

"친척들 눈이 신경 쓰여서."

"독신으로 나이 드는 게 불안해서."

"독신으로 살면 사람들이 나한테 결함이 있는 거라고 생각할 테니까."

이 밖에도 결혼하고 싶은 이유는 얼마든지 더 있을 것이다. 자기 머릿속에 떠오르는 이유들을 다 적어보자.

그 다음에는 종이에 적은 것들 중에서 자신이 가장 중요하게 생각하는 것부터 순서대로 나열해보자. 그리고 우선순위가 높은 이유부터 '스스로 원해서', '주변 환경의 영향으로', '낮은 자아 이미지에서 기인한 집착' 중 어디에 속하는지 분류해보자. 이렇게 하면 자기가 결혼하고 싶어 하는 이유를 상당히 객관적으로 알 수 있게 된다.

다음에는 자신의 마음을 향해 "결혼에 대해 어떤 가치관을 가지고 있어?"라고 물어보자. 결혼에 대한 방향성이 망설임 없고 수긍할 수 있을 정도로 명확해질 것이다.

아직 불안하고 초조한 마음이 가라앉지 않아서 생각을 정리하기 어려울 경우에는 지금 느끼고 있는 불안감이나 초조함에 초점을 맞춰 퀵 마인드풀니스 테크닉을 실행해보자. 다시 차분해진 상태에서 결혼에 대한 자신의 생각을 정리할 수 있게 될 것이다.

무능한 사람이 될까봐 두려운 사람은
집에서조차 완벽주의자가 된다

결혼을 한 여성들 사이에서는 집안일에 대한 스트레스 때문에 고민이라고 호소하는 사례가 많다. 대부분 가족 간의 가사 분담 문제인데, 부부가 서로 가사를 분담하더라도 맞벌이 생활을 하고, 거기에 아이까지 생기면 절대적인 집안일의 양이 늘어나기 때문에 잠시도 쉴 틈이 없는 경우가 많다.

그런데 그 와중에도 집안일 하나하나를 완벽하게 해내려고 하다가 불안감까지 느끼게 된 경우도 있다. 예를 들어, 아무리 몸이 피곤해도 새로 장을 봐서 매일 다른 음식을 준비하고, 청소와 빨래도 정해놓은 기준에 따라 매일 완벽하게 하려고 애쓰는 것이다. 물건은 항상 같은 자리에 있어야 하고, 아무리 피곤해도 가족들에게 필요한 것은 칼같이 준비해놓으려고 하는 것이다. 다른 가족들은 아무래도 상관없다고 하는데도 자기 자신이 그렇게 하지 않으면 성에 안 차기 때문이다.

이런 사람은 대개 직장에서도 완벽주의적인 성격을 보이는 경우가 많다. 집안일도 회사 업무도 마찬가지지만, 기본적인 기준을 충족시켰다면 일단은 합격점을 넘긴 것으로 볼 수 있다. 그런데 이 집안일의 기준이라는 것을 완벽주의자인 자기 스스로 정한다는 게 문제다.

완벽주의라는 것은 그저 집착일 뿐이다. 그런데 그 집착은 좀처럼 내려놓기가 쉽지 않다. 그리고 그 집착으로 인해 완벽하지 못한 자신을 질책하는 경우도 많다.

이 자책감은 능력에 대한 낮은 자아 이미지에서 왔을 가능성이 있다. 마음 깊은 곳에 근거도 없이 '나는 힘이 없어', '나는 제대로 하는 게 없어'라는 생각이 만성적으로 자리하고 있는 것이다.

'나는 능력이 없어'라는 생각은 가혹하리만큼 사람을 괴롭힌다. 그래서 어떻게든 해보려고 하다 보니 완벽주의자가 되는 것이다. 완벽주의자는 일을 결점 없이 완벽하게 처리해야 비로소 자신은 무능하지 않다고 생각하게 된다. 그런데 이런 생각은 결코 자기 긍정이 아니며, 겨우 면죄부만 주는 정도라고 할 수 있다. 그렇기 때문에 조금이라도 완벽하지 않다는 생각이 들면 마음속 깊은 곳에 있는 '나는 무능해'라는 생각에 지배당하게 되고 안절부절못하게 된다. 항상 열등감에 사로잡혀 최선을 다하지 않고서는 견딜 수 없게 되는 것인데, 집안일이 그 대상이 되는 것이다.

만약 집이 완벽할 정도로 깔끔해야 할 피치 못할 이유가 있는 게 아니고, 청소를 안 해서 쓰레기장을 방불케 해 가정생활에 지장이 있을 정도가 아닌 한 집안일의 기준을 낮춰도 된다. 육상 경기에 비유하자면 집안일은 100미터 경주가 아니라 마라톤이다. 그럼에도 완벽을 추구하는 사람은 마라톤을 100미터 경주와 같은 속도로 달리려고 하는데, 매일 하는 집안일을 이렇게 해서는 체력이 남아나질 않게 된다. 몸 상태가 좋고 시간 여유도 있을 때는 좀 더 꼼꼼하게 해도 상관없지만, 몸 상태가 좋지 않고 시간도 없을 때는 에너지를 절약 모드로 전환해도 된다.

또한 혼자서 모든 일을 다 하려고 하는 태도에도 변화를 줘야 한다. 배우자나 아이들과 집안일을 분담하면 부담은 더욱 줄어들게 된다. 물론 남의 손을 빌린 일이 맘에 안 들고 허점도 눈에 많이 띌 것이다. 그러나 누구의 힘도 빌리지 않고 혼자 모든 일을 다 하려고 하다가는 오히려 집안일로 인한 스트레스를 가족들에게 다른 방식으로 표출하게 된다. 이렇게 되면 자신도 괴롭지만 가족들에게도 악영향을 끼쳐 관계가 악화될 수도 있다.

그러므로 완벽주의를 완화하고 능력에 대한 자아 이미지를 회복해가는 것이 중요하다. 자아 이미지를 회복하기 위해서는 다음과 같은 말들을 자신에게 들려주도록 하자.

"지금도 충분히 잘하고 있어."

"완벽하게 하지 않아도 괜찮아."

"피곤하면 쉬어도 돼."

"혼자서 전부 다 하려고 하지 않아도 돼."

"나는 도움 받을 권리가 있어."

처음에는 저항감이 느껴질지도 모르지만, 계속하다보면 조금씩 익숙해지면서 이 말들을 받아들일 수 있게 될 것이다. 완벽해야 한 다는 집착을 내려놓고 있는 그대로의 자신을 받아들일 수 있게 될 것이다. 항상 자신을 괴롭히던 압박감이나 불안감도 조금씩 완화 된다. 일이 더 수월해지고, 전보다 집안일을 매끄럽게 처리할 수 있 게 되면서 놀랄 수도 있다.

다만 이런 변화를 겪게 되기까지는 어느 정도 시간이 필요하다. 처음에는 집안일이 제대로 돌아가지 않는다는 생각 때문에 초조하 기도 하고 우울하기까지 할 것이다. 그럴 때는 퀵 마인드풀니스 테 크닉을 이용해보자. 마음에 여유가 생기고 자아 이미지도 회복될 것이다.

공부 하지 않는 아이를
가만두지 않는 부모의 진짜 속마음

아이를 키우면서 느끼는 스트레스 중에서는 아이 공부에 관한 비중이 단연 클 것이다. 부모는 아이가 공부를 하든 안 하든 늘 불안해하고, 그래서 늘 "공부 좀 해!"라며 꾸짖고 가르치려고 든다.

많은 부모가 이 범주에 속하는데, 부모의 이런 행동은 장기적인 관점에서 봤을 때 아이에게 오히려 안 좋은 영향을 끼치는 것으로 밝혀졌다. 아이가 '공부는 안 하면 부모님한테 혼나니까 하는 것'이라고 여기게 되기 때문이다. 이렇게 해서는 아이의 자주성이 자라지 않는다. 부모의 성화에 못 이겨 공부를 한 결과, 좋은 고등학교에 진학하고 일류 대학에 합격할 수는 있다. 그런데 딱 거기까지다. 대학에 가면 공부를 하지 않게 되는 경우가 많은데, 그 이유는 대학에 들어간 뒤로는 부모가 더 이상 공부하라는 말을 하지 않기 때문이다.

자녀 스스로 무엇인가를 더 배우고 싶어서 대학에 진학한 경우라면, 그 아이는 누가 시키든 시키지 않든 공부를 계속한다. 대학 졸업 후 취직을 한 뒤에도 자주적인 삶을 살아간다. 그러나 어렸을 때 자주성을 키우지 못한 아이는 회사에 들어가서도 상사가 시키는 일만 할 수 있게 된다. 누군가의 지시를 따르기만 하는 삶을 살게 되는 것이다.

부모가 공부를 하라고 하면 할수록 반항심에 더 공부를 하지 않는 아이도 있다. 그러면 부모는 마음이 조급해져서 아이를 더 꾸짖고, 그러면 그럴수록 아이는 공부와 더 멀어지게 된다. 그렇게 반항심이 길러진 아이의 경우는 사회에 나가서도 연장자의 지시에 이유 없이 반항하는 사람으로 성장하게 될 가능성이 높다.

말하자면 자녀가 공부를 하지 않는다고 해서 부모가 시시콜콜 간섭하게 되면 결국 자녀의 미래에 악영향을 끼치게 되는 것이다. 이 흐름을 바꾸려면 자녀가 공부를 하지 않아도 부모는 마음이 불안해지지 않는 마음 상태를 유지할 수 있어야 한다.

자기 자신에게 "아이가 공부를 하지 않는 게 그렇게 불안해할 일이야?"라고 물어보자. 자신의 마음에서 돌아오는 대답을 종이에 적어보는 것도 좋다.

"공부를 하지 않으면 머리가 나빠져서 아이의 인생이 엉망이 될 테니까."

"공부를 하지 않으면 나중에 좋은 회사에 취직하기 어려우니까."

"아이가 공부를 못하면 부모인 나도 같이 못났다는 낙인이 찍힐 테니까."

"아이가 공부를 하지 않으면 남편이 나한테 스트레스를 주니까."

"아이가 공부를 하지 않으면 친구들 사이에서 따돌림을 당할 수도 있으니까."

이런 이유 외에도 더 많은 이유가 있을 것이다. 그리고 여러 이유가 복합적으로 얽혀 있을 때도 많을 것이다.

이런 문제에서 벗어나기 위해서는 먼저 자녀가 공부를 하지 않을 때 불안해지는 이유를 가시화해보기를 권한다. 불안의 이유를 명확히 규정하고 나면 마음의 여유를 되찾을 수 있기 때문이다.

그리고 어느 정도 마음이 차분해졌다면 자신의 마음을 향해 "어떻게 대응하면 아이에게 진정으로 도움이 될까?"라고 질문을 해보자. 그러면 시야나 선택지가 넓어져서 지금까지와는 다른 방식으로 대응할 수 있게 될 것이다.

만약 가시화 작업이 일단락된 뒤에도 불안감이 강하게 남아 있다면, 그 불안감에 초점을 맞추고 퀵 마인드풀니스 테크닉을 실천해보자. 불안감이 해소되고 마음에 여유가 생길 것이다. 그와 동시에 아이 입장에서 진짜 도움이 되는 방식으로 대응할 수 있게 될 것이다.

그 다음에는 자아 이미지 회복에 도움이 되는 다음과 같은 말을 자신에게 들려주자.

"나는 부모로서 잘하고 있어."

"그렇게 불안해하지 않아도 돼."

"아이 키우느라 고생이 많네."

"아이가 공부를 하든 안 하든 내 가치는 달라지지 않아."

"나는 잘못하고 있지 않아."

이런 말에 조금씩 익숙해지면 마음속 깊은 곳까지 편안해지는 것을 느끼게 될 것이다. 자아 이미지가 회복됨으로써 얻을 수 있는 효과다. 아이 공부와 관련된 스트레스가 크다면, 유연하고 냉철한 이성을 유지한 상태에서 아이 공부와 관련된 자신의 태도를 되돌아보는 시간을 갖도록 하자.

아이 친구 엄마와 가깝게 지내려면
스트레스는 덤?

세상을 살아가면서 사람들은 다양한 종류의 인간관계를 맺는다. 가족에서 시작해 친구, 학교 선후배, 직장 동료, 연인, 부부, 배우자 가족과의 관계 등등. 그런데 여자들은 이런 관계 말고도 새로운 유형의 관계를 더 맺게 되는데, 바로 아이 친구 엄마와의 관계가 그것이다.

아이 친구 엄마와의 관계도 실은 친구를 사귀고, 직장 동료들과 함께 일하고, 남녀가 만나 연애를 하는 것처럼 부모로서 아이가 태어나면 맺게 되는 지극히 자연스러운 관계일 수 있다. 그런데 이런 관계를 유독 힘들어 하는 사람들도 있다. 원래도 인간관계가 서툴렀던 사람은 아이 친구 엄마와의 관계에서도 불안감과 압박감을 느끼게 된다. 살아오면서 한 번도 맺어본 적 없는 관계이기에 스트레스가 더 클 수도 있다. "이 나이에 이런 것까지 해야 하는지 모르겠어요"라는 말과 함께 우울증을 호소하는 사람도 적지 않다.

자기만의 일이라면 사람들과 거리를 두고 관계를 정리할 수도 있겠지만, 아이와 관련된 일이기에 그렇게 하기도 힘들다. 아이 친구 엄마들과의 인간관계가 아이들의 관계에도 영향을 끼치기 때문이다.

그러나 생각하기에 따라서는 그렇게 어려운 일이 아닐 수도 있다. 일단 아이를 위해 자신이 바뀌어야 한다는 각오를 하면 쉽게 해결될 수도 있는 일인 것이다. 그리고 이 관계를 통해 커뮤니케이션 능력이 조금이라도 향상된다면 아이뿐 아니라 자기 자신에게도 도움이 될 것이다. 인간관계가 점차 확대될 수도 있다.

나름 마음을 굳게 먹는 것일 테지만, 사실 그렇게 큰 부담감을 갖지 않아도 된다. 커뮤니케이션의 달인이 될 필요도 없다. 어느 정도의 커뮤니케이션을 할 수 있을 정도면 충분하다. 자신이 할 수 있는 범위 내에서 하면 되는 것이다.

물론 그래도 거부감이 사라지지 않아 '이런 걸 왜 해야 하는 거지?'라는 생각에 사로잡히게 될지도 모른다. 그럴 때는 '어떻게 하면 이 상황을 내게 이로운 방향으로 활용할 수 있을까?'라는 관점에서 생각해보자.

아무리 노력해도 인간관계가 어렵게 느껴진다면 낮은 자아 이미지가 영향을 끼치고 있을 가능성도 있다. 마음속에 미움 받는 것에 대한 불안감이 강하게 뿌리내리고 있는 것이다. 그런 부정적인 자아 이미지를 회복하기 위해 다음과 같은 말을 자신에게 들려주도록 하자.

"나는 가치 있는 사람이야."

"나는 본래 호감을 주는 사람이야."

"설령 누군가가 나를 싫어하더라도 그건 내 잘못이 아니야."

자신에게 말을 걸어서 행복감이 느껴졌거나 기분이 좋아졌다면 자아 이미지를 회복시켜줄 만한 말들을 더 많이 해주자.

반대로 그런 말들이 거짓말처럼 느껴지거나 그 말을 듣고 괴로워지는 등 알레르기 반응을 일으켰다면, 이 알레르기 반응에 초점을 맞춰 퀵 마인드풀니스 테크닉을 실행해보자. 알레르기 반응이 점차 약해지면서 자아 이미지가 회복될 것이다.

육아와 자기 삶 사이의 갈등을
긍정하라

아이를 키우는 데는 많은 시간과 에너지가 필요하다. 요즘은 일과 육아를 병행하는 워킹맘들도 많지만 20년 가까운 세월을 육아에만 쏟는 경우도 있다. 워킹맘이든 육아로 인해 경력이 단절된 엄마든 육아로 인한 스트레스는 많은 여성들을 불안, 초조하게 만든다.

그중에서 특히 자식만 바라보면서 사는 엄마들은 육아 이외의 일은 전혀 생각하지 못하게 된다. 그러다가 아이들이 성장해서 취직을 하거나 결혼을 하게 되면 어쩔 줄을 몰라 당황하게 된다. 아이들은 성장해 부모 곁을 떠나 자립을 하는데, 부모는 자녀로부터 자립할 준비가 안 된 것이다. 바로 '빈둥지증후군'에 빠지게 되는 것이다.

따라서 아이를 키우면서 '아이 키우는 것 외에는 아무것도 못하고 있다'고 인식하는 것은 매우 중요하다. 물론 출산 직후에는 시간과 에너지를 육아에 최우선적으로 쏟아야 한다. 그러나 아이가 성장해가면서 육아에 필요한 노력과 시간은 서서히 줄어들게 된다. 그렇게 남는 시간은 자신의 인생을 위해 어떻게 활용할지 생각하는 데 써야 한다. 이때의 고민은 나중에 빈둥지증후군에 빠지지 않기 위해서라도 필요하다.

자신의 일은 뒷전으로 미루고 육아에만 모든 열정을 쏟는 것은 아이에게도 좋지 않다. 대부분의 아이는 부모의 말을 잘 듣지 않지만, 그러면서도 무의식중에 일상 속에서 부모가 보여주는 행동을 모델 삼아 자신의 내부에 각인시킨다. 요컨대 아이가 '자신의 일은 전부 뒷전으로 미루고 다른 사람들을 위해서만 희생하는' 삶의 자세를 배울 가능성이 있는 것이다. 이것은 언뜻 훌륭한 행위 같아 보일지 모르지만, 사실은 그렇지 않다. 사람은 자기 자신을 소중히 여길 때 비로소 다른 사람도 소중히 여길 수 있게 된다. 그러므로 부모가 자녀에게 진짜로 보여줘야 할 모습은 '자기 자신을 소중히 여기는 자세'인 것이다.

넘치거나 모자라지 않게 육아에 힘쓰면서도 자기 자신을 소중하게 여긴다는 것이 사실 쉬운 일은 아니다. 그럼에도 어느 한쪽으로 치우치게 되면 육아도, 자신의 삶도 균형을 잃게 된다. 그런 까닭에 부모로서 자기 내부에서 심하게 갈등할 수도 있고, 부담감도 클 수 있다. 때로는 혼란스러운 나머지 어느 한쪽으로 심하게 치우쳐버릴 때도 있다.

이런 상황을 극복하기 위해서는 갈등하면서도 냉정함을 유지해야 하는데, 갈등으로 인한 고통에 초점을 맞추고 퀵 마인드풀니스 테크닉을 실천해보자. 그러면 서서히 갈등이 줄어들면서 여유를 되찾을 수 있게 된다. 여유가 생기면 균형 잡힌 삶에 대한 감각을 되찾을 수 있게 된다.

소통하지 않는 부부 사이는
위험해!

결혼 생활을 하다보면 상대방에 대한 불만이 쌓일 때가 종종 있다. 연애 시절과 달리 부부가 되었기에 불거지는 문제도 있을 것이다. 부부가 함께 책임지면서 결정해야 할 중요한 문제들도 있을 것이기 때문이다. 예를 들면 돈을 쓰는 방식이라든가 육아 방침, 내 집 마련 등을 위한 지출 문제 등이 잇달아 발생한다.

이와 같은 문제들이 일어났을 때, 그때그때 소통을 하지 않으면 서로에 대한 불만이 쌓이게 된다. 그런데 부부 관계가 원만치 않으면 특히 중요한 일일수록 대화를 회피하게 되는 경향이 있다. 문제 해결을 위해 필요한 대화를 차일피일 뒤로 미루는 것이다.

어떤 문제가 일어났을 때 여러 선택지 중 무엇을 선택하느냐는 사람마다 그 기준이 다를 수 있다. 서로의 가치관이 다르기 때문인데, 부부 사이에서도 마찬가지이고, 이는 매우 자연스러운 일이다.

살다보면 많은 상황에서 두 사람의 가치관이 서로 다르다는 사실을 확인하게 되는데, 그럴 때 필요한 것이 대화다. 대화를 통해 서로 다른 가치관을 조정할 필요가 있는 것이다. 이때는 연애 시절에는 하지 않아도 됐던 긴밀한 소통이 필요하다. '나와 달라서 답답해'라고 생각할 것만도 아니고, '알아서 잘하겠지' 하고 상대에게 책임을 미뤄도 안 된다. 반드시 결정 단계에서 두 사람이 대화를 통해 합의하고 실행해야 한다.

그런데 매우 중요한 문제임에도 한쪽이 일방적으로 의견을 내고 다른 한쪽은 꾹 참으면서 상대의 요구를 받아들이는 상황이 계속될 때가 있다. 이런 경우, 의견을 내는 쪽은 아무런 문제의식을 느끼지 못하고, 줄곧 참는 쪽은 내심 불만이 쌓이게 된다. 이처럼 마음속에 불만을 품고 있으면서도 서로 의견을 나누지 않는 까닭에 겉으로는 아무 문제도 없는 것처럼 보일 수 있지만, 이런 부부 관계는 매우 위험하다. 불씨를 끌어안은 채 부부 생활을 계속하다보면 언젠가 어떤 형태로든 반드시 문제가 표면으로 드러나게 되기 때문이다.

예를 들면, 사소한 일로 큰 싸움이 벌어질 수도 있다. 또 어느 한 사람이 쌓였던 불만 때문에 집안 형편에 안 맞는 큰돈을 상의도 없이 지출하는 경우도 있다. 아이 문제가 불거질 수도 있다.

이럴 때 일어나는 아이 문제는 자녀교육의 문제라고 생각하기 쉽지만, 그게 다가 아니다. 간과할 수도 있지만 가정 내에서 소통의 결핍도 영향을 끼친다. 아이가 등교를 거부한다거나 학교에서 문제를 일으킨다거나 하는 형태로 표면화되기도 한다. 이런 경우 부부 사이의 소통의 질이 개선되면서 직접적으로 관계가 없는 듯 보였던 아이 문제가 해결되기도 한다.

부부 사이의 문제는 연인 사이의 문제와 마찬가지로 관계에 대한 불만이 쌓여서 일어나기도 하고, 부부 사이의 의견 차이에서 비롯된 불만이 쌓여서 일어나기도 한다. 그러니 이 두 상황에서 자신이 어떤 생각을 하는지 가시화해보자. 자신의 마음을 향해 "부부생활을 하면서 쌓인 불만이나 상대방에게 바라는 점이 있다면 구체적으로 뭐가 있어?"라고 말을 시켜보는 것이다.

"육아를 나한테만 떠넘기지 말고 좀 더 책임감 있게 육아에 참여했으면 좋겠어."

"상처 주는 말은 하지 말았으면 좋겠어."

"직장을 그만두고 싶은데, 말을 꺼낼 수가 없어."

"집 문제를 어떻게 할지 함께 생각했으면 좋겠어."

"아이의 교육비 지출에 대해 같이 생각해봤으면 좋겠어."

매우 중요한 문제임에도 불구하고 부부 사이에서 이런 주제로 대화하기가 꺼려진다고 하는 사람들도 있다. 그럴 경우에는 인간관계력에 대한 낮은 자아 이미지가 크게 영향을 끼치고 있을 수 있다. 이런 경우에 해당된다면 자아 이미지를 회복하기 위해 다음과 같은 말을 자신에게 들려주기 바란다.

"내 생각은 가치가 있어."

"나는 의견을 말할 권리가 있어."

"무조건 상대의 의견을 따를 필요는 없어."

"상대와 의견이 달라도 괜찮아."

이런 말이 편하게 느껴지고 기운이 난다면 자아 이미지가 회복되고 있다는 증거다.

반대로 거부 반응이 일어나거나 마음이 불안해졌다면 자아 이미지를 높이는 말에 알레르기 반응을 보인다는 증거다. 이 알레르기 반응에 초점을 맞추고 퀵 마인드풀니스 테크닉을 실천해보자. 알레르기 반응이 약해지면서 자아 이미지가 회복될 것이다. 그리고 지금까지 외면해왔던 부부 사이의 문제를 깨달을 때, 그 문제를 정면으로 마주하고 대화의 주제로 삼을 수 있게 될 것이다.

아름답고
건강한 삶을 위한
처방전

피부는 무너지고
나이는 들어가고…

이번 장의 주제인 건강과 미용은 지금까지 다뤘던 일, 연애, 결혼·육아 같은 활동을 뒷받침하는 기반이 된다. 건강과 아름다움이 원만하게 유지되면 일, 연애, 결혼·육아와 관련된 일에도 좋은 에너지를 주게 된다. 그런 만큼 건강과 미용에 대한 관심이 높아져서 요즘은 다이어트나 피부 미용 등에 시간과 돈을 투자하는 사람들이 늘고 있다.

건강과 미용은 그럴 만한 가치가 있는 것이 사실이다. 그러나 미용과 건강에 지나치게 집착하면 오히려 불안감이 커지기도 한다. 집착이 과도하면 미용이나 건강에 대해 완벽을 추구하게 되고, 불완전한 상태를 견디지 못하게 된다. 분명히 건강하고 아름다워지기 위해 시작한 것인데, 신경을 쓰면 쓸수록 부족하다는 느낌이 들어 오히려 역효과가 나는 것이다. 이렇게 되면 다이어트나 미용에

건강에 신경 쓰는 건 좋지만
지나치면 오히려 병이 될 수도 있다.

더욱 몰두하게 되고, 몰두하면 할수록 부족하다는 생각이 강해지면서 점점 걱정이 많아지게 된다. 그런데 모두가 알다시피 스트레스는 피부 미용의 적이다. 스트레스가 많아지면 피부가 거칠어진다. 그러면 거기에 다시 시간과 비용을 들이게 되고, 그럼에도 부족하다는 느낌에 또 스트레스를 받는 악순환이 반복되게 된다.

또 건강에 관심이 많은 사람 중에는 건강한 음식에 신경을 쓰다 못해 너무 민감해진 탓에 외식하는 데 대해 스트레스를 받는 경우도 있다. 밖에서 먹는 음식에 어떤 첨가물이 들어갔을지 몰라 불안한 것이다. 이런 사람은 외식을 할 때면 몸에 나쁜 것을 먹고 있다는 생각에 걱정이 앞서게 되는데, 이럴 때 오히려 마음이 불안해져서 정말로 건강 상태가 나빠지는 경우도 있다.

이처럼 음식에 대한 불안감 때문에 몸 상태가 나빠지는 경우를 '노시보 효과nocebo effect'라고 한다. '플라시보 효과placebo effect'가 가짜 약이 주는 치료 효과를 말한다면, 노시보 효과는 어떤 것이 해롭다는 암시나 믿음이 약의 효과를 떨어뜨리는 경우를 말한다. 음식 때문이 아니라 '음식이 몸을 안 좋게 할지도 모른다'는 불안감이 오히려 병을 만드는 것이다.

이런 사람 중에는 건강에 나쁘다고 생각되는 음식을 두려워한 나머지 외식을 해야 하는 모임에는 절대 나가지 않는 사람도 있다. 이런 사람은 약속이 있으면 '오늘 친구가 밥을 같이 먹자고 하면 뭐라고 거절하지?'라는 생각에 불안감을 느낀다. 그리고 이런 생활을 고수하다보면 사람들과의 관계 유지와 건강 사이에서 갈등하게 되고, 결국 사회생활에 지장을 초래하게 된다. 그리고 이런 스트레스는 틀림없이 건강에 악영향을 끼치는 원인이 된다.

이와 같이 미용이나 건강에 지나치게 집착하면 오히려 역효과가 난다. 그렇다고 미용이나 건강에 전혀 신경 쓰지 않아도 된다는 말은 아니다.

미용이나 건강을 위한 노력은 구체적인 접근법과 심리적인 접근법 모두 중요하므로 이 두 가지가 잘 조화되도록 균형을 맞출 필요가 있다. 구체적인 접근법의 경우 개개인의 몸 상태나 피부 상태에 따라 달라지므로 여기에서는 심리적인 접근법에 대해서만 소개하고자 한다.

미용이나 건강에 지나치게 집착하는 사람의 마음속 깊은 곳에는 강한 불안감이 자리하고 있는 경우가 많다. 자아 이미지도 낮을 수 있다. 아름다움이 조금이라도 훼손되면 인간관계력에 대한 낮은 자아 이미지가 영향을 끼쳐서 '이런 상태로는 사람들한테 사랑받지 못할 거야'라는 공포심에 사로잡히게 된다. 또는 건강이 나빠지면 능력에 대한 낮은 자아 이미지가 영향을 끼쳐서 '만약 무슨 병에라도 걸리게 되면 앞으로 아무것도 못하게 될 거야'라는 불안감에 빠지게 된다.

두려움이나 불안감이 시달리게 되면 어떻게 해서든 거기서 벗어나려고 하게 되는데, 그것이 아름다움이나 건강에 대한 과도한 집착으로 이어지는 것이다. 물론 집착이 좋은 결과를 낳는다면 좋겠지만, 대부분은 역효과를 부른다.

이럴 때는 아름다움이나 건강이 훼손되는 데 대한 강한 불안감 또는 공포심에 초점을 맞추고 퀵 마인드풀니스 테크닉을 실천해보자. 감정이 누그러지고 자아 이미지가 회복되어 균형감 있게 건강이나 미용에 신경 쓸 수 있게 될 것이다.

몸에 쌓인
불쾌한 감정에 주목하자

요즘은 남녀 불문하고 피부 미용에 관심이 많다. 피부 컨디션을 그야말로 생명선이라고 여기는 사람들도 있다. 특히 최근에는 남성들의 피부에 대한 관심도가 매우 높아졌다.

좋은 피부를 유지하기 위한 이론과 접근법은 굉장히 많다. 클렌징이나 마사지 등 피부를 직접적으로 관리하는 방법부터 피부에 좋은 음식 먹기, 자외선 등을 피하는 방법까지 다양하다.

그런데 이것들만으로는 충분하다고 할 수 없다. 최근 들어 스트레스가 피부에 끼치는 영향에 대한 연구 결과들이 보고되고 있는 것이다.

스트레스로 인한 피부 트러블을 해결하기 위해 전문가들이 제시하는 방법은 의외로 간단하다. 규칙적인 생활 습관을 유지하면서 잠을 충분히 자라는 것인데, 이렇게만 해도 피부 상태가 상당한 개선된다고 한다. 그런데 거기서 그치지 않고 감정까지 다스리면 보다 더 큰 효과를 볼 수 있다.

상담을 하면서 피부에 관한 상담을 직접적으로 한 적은 없지만, 사람들로부터 우울증이 치료된 후 "10년 동안 저를 괴롭혀온 피부 트러블이 개선됐어요", "요즘 젊어 보인다는 말을 자주 들어요"라는 이야기를 많이 들었다. 그래서 나는 이후로도 계속 그동안 상담을 하면서 알려줬던 퀵 마인드풀니스 테크닉과 '부정적인 감정이 날뛸 때의 대처법'(73, 76쪽 참조)을 일상생활에서 활용해보라고 권하곤 한다. 아무래도 이 방법들이 마음을 가라앉히고 스트레스를 치료하는 데 도움이 됐고, 그 부수적인 효과로 피부에도 영향을 미친 듯하기 때문이다.

고운 피부를 유지하고 노화를 방지하는 데는 불안감이라는 감정을 적극적으로 해소하는 것이 효과적이다. 그 접근법을 두 가지 소개하겠다.

첫 번째는 과거의 트라우마를 완전히 해소하는 것이다. 지금도 떠올리면 기분이 불쾌해지는 과거의 사건을 머릿속에 떠오르는 대로 종이에 적고, 그 기억들을 하나하나 퀵 마인드풀니스 테크닉을 통해 해소해나가는 것이다.

★ 과거의 트라우마를 해소하는 방법

1. 기분이 불쾌해지는 과거의 사건을 떠올리고, 그때 느낀 감정의 강도를 0부

터 1이까지의 숫자로 수치화한다.

2. 천천히 오른손에 주먹을 힘껏 쥔다(1이초 정도).

3. 천천히 왼손에 주먹을 힘껏 쥔다(1이초 정도).

4. 양쪽 주먹을 쥐는 힘이 지금 느끼고 있는 감정의 강도를 웃돌게 한다.

5. 양쪽 주먹의 힘이 같아지도록 관찰하며 조정한다(1이초 정도).

6. 오른쪽 주먹의 힘을 절반으로 줄인다(1이초 정도).

7. 왼쪽 주먹의 힘도 절반으로 줄인다(1이초 정도).

8. 양쪽 주먹의 힘이 같아지도록 관찰하며 조정한다(3이초 정도).

9. 감정의 강도를 다시 수치화하고, 처음의 수치와 비교해본다.

1이. 감정의 강도가 2 이하로 떨어지지 않았다면 2단계부터 다시 반복한다.

이렇게 하면 종이에 적은 과거의 기억이 더는 불쾌하게 느껴지지 않게 되며, 피부의 상태도 몰라보게 좋아진다. 다만 과거의 트라우마를 전부 떠올릴 수 있는 것은 아니다. 그리고 불안감 중에는 기억으로는 되살아나지 않고 불안한 감정만 몸에 새겨져 있는 경우도 있다. 그러니 일단은 떠오르는 기억부터 차근차근 해소해나가도록 하자.

몸에 축적된 불안한 감정은 몸의 불쾌감으로 나타난다. 가슴이나 목구멍은 특히 불안감이 쌓이기 쉬운 장소다. 다만 그것의 정체를 파악하기 힘들 때가 많기 때문에 축적된 감정을 감각적으로 명확히 할 필요가 있다. 방법은 아주 간단하다. 주먹을 살짝 쥐고 가슴이나 목을 가볍게 눌러보는 것이다.

　만약 어떤 불쾌감이 느껴진다면 그것은 몸에 축적된 감정이 표면화돼 가고 있는 것일 수 있다. 그것을 더욱 명확하고 선명한 감각으로 만들어나가자. 주먹으로 더 세게 눌러보기도 하고, 주먹의 모양을 바꿔 손가락 끝으로만 눌러보기도 한다. 불쾌감이 명확하고 선명해질수록 좋은 효과를 기대할 수 있다.

★ 몸에 축적된 감정을 없애는 방법

1. 주먹을 살짝 쥐고 몸에 불쾌감이 느껴지는 부분을 가볍게 눌러본다.

2. 몸의 불쾌감이 명확하고 선명하게 나타나는 장소를 계속 누르면서 그 불쾌감의 강도를 0부터 10까지의 숫자로 수치화한다.

3. 나머지 손도 몸을 누르고 있는 손과 같은 모양으로 만든다.

4. 주먹을 쥐는 힘이 지금 느끼고 있는 몸의 불쾌감의 강도를 웃돌게 한다.

5. 양쪽 주먹을 쥐는 힘이 같아지도록 관찰하며 조정한다(10초 정도).

6. 몸을 누르고 있는 주먹의 힘을 절반으로 줄인다(10초 정도).

7. 몸을 누르고 있지 않은 주먹의 힘도 절반으로 줄인다(10초 정도).

8. 양쪽 주먹의 힘이 같아지도록 관찰하며 조정한다(30초 정도).

9. 몸의 불쾌감의 강도를 다시 수치화하고, 처음의 수치와 비교해본다.

10. 불쾌감의 강도가 2 이하로 떨어지지 않았다면 2단계부터 다시 반복한다.

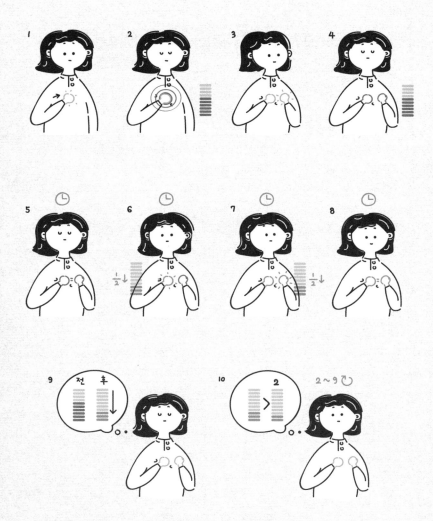

몸의 이곳저곳에 주먹으로 눌렀을 때 불쾌감이 느껴지는 부분이 더 많이 있을 수도 있다. 이제 방법을 알았으니 이런 불쾌감들을 수시로 해소해나가자. 먼저 불쾌감이 좀 더 선명하게 남아 있는 가슴과 목부터 시작할 것을 권한다. 그리고 익숙해지면 몸의 다른 부분으로 확대해가면 된다. 몸에 축적된 감정을 해방시키는 작업을 진행하면 할수록 몸도 마음도 편해진다. 마음속 더 깊은 곳에 있는 감정까지 해방시키게 되면 마음은 물론 피부 상태도 좋아지게 될 것이다.

예전부터 자율신경실조증이라는 증상에 시달려온 나도 몸에 축적된 불안감을 해소하기 위해 이 방법을 수시로 이용해왔다. 그래서인지 언젠가부터 '피부가 좋아졌다', '젊어 보인다'는 말을 자주 들어왔다. 자율신경실조증이 완화되는 것은 느꼈지만 피부가 좋아지는 것은 생각지도 못했는데, 의외로 큰 효과를 봤던 것이다.

나를 먹게 하는 것은
식욕인가, 불안감인가?

적당 수준에서의 체중 조절은 건강을 유지하기 위해 매우 중요하다. 그런데 체중을 좌우하는 식욕을 제어하는 것은 그리 쉬운 일이 아니다. 자기도 모르게 폭식을 해버리는 탓에 체중을 조절하지 못하는 사람이 매우 많다. 기껏 다이어트를 해서 체중을 줄이는 데 성공했지만, 얼마 안 가서 다시 예전의 체중으로 돌아가버렸다는 얘기도 자주 들을 수 있다. 그만큼 먹고 싶다는 충동은 이겨내기가 힘들다.

몸에 칼로리가 충분한 상태인데도 먹고 싶다는 욕구가 사라지지 않는 경우가 많은데, 이때의 '먹고 싶다'는 욕구는 생리적인 식욕과는 다르다.

이 '먹고 싶다'는 욕구는 심리적인 것으로, 스트레스가 쌓여 불안, 초조한 감정이 강해진 결과 흥분했을 때 나타나는 감각이다. 흥분 상태가 계속돼 몸과 마음이 괴로워지면 본능적으로 흥분 상태를 억제하기 위한 행동을 하게 되는데, 그 행동 중 하나가 폭식인 것이다. 음식을 먹고 포만감이 들면 흥분이 가라앉고 편안해지는 효과가 있다. 포만감이 들면 머릿속이 멍해져서 아무 생각도 들지 않게 된다.

그러나 흥분 상태를 진정시킬 방법이 먹는 것밖에 없으면 금방 살이 찌게 된다. 폭식으로 인한 체중 증가는 미용 측면에서나 건강 측면에서나 좋을 게 없다. 부작용이 없는 다른 방법을 찾아 의식적으로 실천할 필요도 있지만, 우선은 식욕을 억제하는 방법을 생각해보자. 이 불필요한 '먹고 싶다'는 욕구를 줄일 수 있다면 다이어트에 실패하는 일도, 요요 현상을 겪을 일도 없을 것이다.

'먹고 싶다'는 욕구를 근본적으로 없애기 위해서는 현재 자신의 식생활에 대해 어느 정도 파악할 필요가 있다. 흥분한 상태에서 허겁지겁 먹기 때문에 자신이 어느 정도의 양을 먹는지도 잘 모르는 경우가 많기 때문이다. 최근에는 식사 내용을 기록하는 스마트폰 앱도 다양하게 출시되어 있으니 어렵게 생각하지 말고 한번 시작해보자.

자신이 먹은 음식을 기록하는 것만으로도 체중을 조절할 수 있게 되는 경우가 있다. 그러나 그것만으로는 체중을 조절하기 어렵다고 느꼈다면 일상생활에서 스트레스를 강하게 받을 때, 그것 역시 기록하자. 그러면 어떤 스트레스를 받을 때 '먹고 싶다'는 욕구가 생기는지 알 수 있게 된다. 그리고 그 스트레스를 줄이기 위한 방법을 궁리하도록 하자. 그렇게 해서 자신이 스트레스를 받는 상황을 가급적 줄여가는 것이다.

그럼에도 '먹고 싶다'는 욕구가 강하게 솟아날 때는 퀵 마인드풀니스 테크닉이 도움이 된다. '먹고 싶다'는 욕구가 마구 솟아날 때 바로 실행하는 것이다. 단, 모든 과정을 실행할 필요 없이 초반 과정만 실천해도 충분하다.

'먹고 싶다'는 욕구를 억제하기 위해서는 다음과 같은 방법을 사용해보자.

★ 먹고 싶은 욕구를 억제하는 방법

1. 지금 느껴지는 '먹고 싶다'는 욕구의 강도를 0부터 10까지의 숫자로 수치화한다.

2. 천천히 오른손에 주먹을 힘껏 쥔다(10초 정도).

3. 천천히 왼손에 주먹을 힘껏 쥔다(10초 정도).

4. 양쪽 주먹을 쥐는 힘이 지금 느끼고 있는 '먹고 싶다'는 욕구의 강도를 웃돌게 한다.

5. 양쪽 주먹의 힘이 같아지도록 관찰하며 조정한다(10초 정도).

4단계에서 '먹고 싶다'는 욕구의 강도가 생각보다 크다는 데 놀랄 수도 있을 것이다. 그만큼 스트레스가 쌓여 있는 것이다. 그런 까닭에 의지력만으로는 '먹고 싶다'는 욕구를 제어하기가 어렵지만, '먹고 싶다'는 욕구보다 강한 힘으로 주먹에 힘을 주다보면 서서히 그 욕구가 약해지면서 자신의 의지로 제어할 수 있게 된다.

다만 주먹을 있는 힘껏 쥐어도 '먹고 싶다'는 욕구를 웃돌게 하기가 힘들 수도 있다. 그럴 때는 힘껏 쥔 두 주먹을 권투 선수처럼 가슴 앞에서 맞대고 주먹 씨름을 하듯 서로를 향해 강하게 밀어보자. 이렇게 하면 '먹고 싶다'는 욕구의 강도를 웃돌게 힘을 줄 수 있게 된다. 핵심은 '먹고 싶다'는 충동을 웃도는 힘을 내기 위해 주먹을 힘껏 쥐거나 주먹과 주먹을 맞대고 강하게 미는 것이다.

이 방법을 반복해서 실행하면 욕구 제어에 관한 성공 경험을 쌓게 돼 마음에 여유가 생긴다. 그리고 마음에 여유가 생기면 자신의 의지로 식욕을 조절할 수 있게 된다.

"먹고 싶은 욕구야,
사라져라 사라져..."

병원도 모르는 증상으로
괴로울 때

몸에서 이상 증상이 나타나도 원인을 찾을 수 없을 때가 종종 있다. 병원에 가서 검사를 받아봐도 별다른 문제가 발견되지 않는 것이다. 이런 상태를 '자율신경실조증' 혹은 '부정수소'라고 부른다.

자율신경실조증은 '왠지 몸 상태가 좋지 않아'라는 감각에서 시작되며, 시간이 지나면서 그런 증상이 자주 느껴진다. 그러다 몸 상태가 점점 나빠지면 다음과 같은 증상들이 나타나기도 한다.

- 권태감이나 가슴 두근거림, 피부 가려움
- 이명, 미각이상
- 식욕부진, 변비, 설사
- 어깨 결림, 손발 저림, 냉증
- 빈뇨, 생리 불순

• 현기증, 두통, 불면증

이런 증상이 만성적으로 나타나면 불안감까지 가중된다. 병명을 알 수 없기 때문에 주변 사람들에게도 제대로 설명하지 못하고, 이로 인해 사람들이 자신이 꾀병을 부린다고 오해할까봐 걱정하기도 한다. 그래서 몸 상태가 안 좋아도 억지로라도 일을 하거나 집안일을 하기도 하는데, 그러다 보면 상태가 더욱 악화될 가능성이 높아진다.

자율신경실조증의 원인은 사람마다 다양한데, 대체로 영양의 불균형, 환경의 변화, 피로, 스트레스 등 여러 가지 요인이 복합적으로 작용한다. 또 정신적 스트레스도 한몫하고 있을 가능성도 있다.

주의할 점은, 이런 증상은 병의 전조이기도 하기 때문에 별 이상이 없다는 말을 듣더라도 필요하다면 전문 의료기관을 찾아가 진단을 받아보는 것이 좋다. 그리고 스트레스를 줄이려고 노력하면 회복하는 데 도움이 된다. 무엇보다 중요한 것은 지금 느끼고 있는 몸의 불쾌감을 줄이는 것이다. 방법은 다음과 같다.

★ 몸의 불쾌감을 줄이는 방법

1. 만성적인 몸의 불쾌감 중 한 가지를 골라 그 강도를 0부터 10까지의 숫자로 수치화한다.

2. 천천히 오른손에 주먹을 힘껏 쥔다(10초 정도).

3. 천천히 왼손에 주먹을 힘껏 쥔다(10초 정도).

4. 양쪽 주먹을 쥐는 힘이 지금 느끼고 있는 몸의 불쾌감의 강도를 웃돌게 한다.

5. 양쪽 주먹의 힘이 같아지도록 관찰하며 조정한다(10초 정도).

6. 오른쪽 주먹의 힘을 절반으로 줄인다(10초 정도).

7. 왼쪽 주먹의 힘도 절반으로 줄인다(10초 정도).

8. 양쪽 주먹의 힘이 같아지도록 관찰하며 조정한다(30초 정도).

9. 몸의 불쾌감의 강도를 다시 수치화하고, 처음의 수치와 비교해본다.

10. 몸의 불쾌감의 강도가 2 이하로 떨어지지 않았다면 2단계부터 다시 반복한다.

만성적인 자율신경실조증에 초점을 맞춰 퀵 마인드풀니스 테크닉을 실천할 때의 비결은 '의미 없는 노력 같지만 불쾌감에 대해 계속 대응해보자'고 결심하는 것이다. 자율신경실조증은 정신적으로 오랜 시간 동안 스트레스를 받으면서 몸에 불쾌한 감정이 다량 축적되면서 생겼을 가능성이 높다. 그런 까닭에 불쾌감이 일단 사라졌다가도 얼마 후 다시 나타나게 되는데, 이것은 없었던 불쾌감이 다시 나타난 것이 아니라 아직 남아 있던 불쾌감이 표면으로 드러난 것이다. 그러다 보니 '아무리 애를 써도 불쾌감이 다시 나타나는데, 노력이 무슨 의미가 있냐'고 하는 경우도 있다. 그럼에도 굴하지 않고 계속하기를 권한다. 그렇게 계속 불쾌감에 맞서다보면 어느 순간 불쾌감은 서서히 줄어들고 편안한 상태를 경험하게 될 것이다.

　자율신경실조증 때문에 몸을 움직일 수가 없게 돼 집에 누워만 있었던 사람도 퀵 마인드풀니스 테크닉으로 몸에 축적된 감정을 꾸준히 해소해나가면서 서서히 움직일 수 있게 되었다. 몸 전체를 짓누르던 피로감이 사라지며, 이윽고 몸에 활력이 돌아와 움직일 수 있게 된 것이다.

　그러나 방심은 금물이다. 일상 속에서 스트레스가 쌓이지 않게 하기 위해서는 퀵 마인드풀니스 테크닉을 틈틈이 실행해주는 것이 중요하다. 그렇게 하면 증상이 다시 악화되는 일 없이 좋은 컨디션을 유지할 수 있게 될 것이다.

불안감이
더 큰 불안감을 낳는다

사람에 따라서는 단순한 불안감을 넘어 가슴 두근거림, 호흡곤란, 가슴 통증 등과 함께 죽을 것 같은 공포감마저 느끼게 되는 경우가 있다. 이런 증상을 '공황장애'라고 하는데, 뚜렷한 이유도 없이 갑자기 이런 증상이 찾아오면 극도의 불안감과 두려움에 휩싸여 아무것도 하지 못하게 된다.

만약 지하철이나 비행기 같은 공간에서 이런 경험을 하게 되면 이후에는 탈것을 타기가 두려워지기도 한다. 더 큰 문제는 외출 자체가 두려워진다는 것이다. 휴가철이나 연말연시처럼 길이 막히고 장거리 여행을 해야 할 경우에는 더욱 그렇다. 여행을 가기 며칠 전부터 중압감에 잠을 이루지 못하는 사람도 있을 정도다.

이런 증상은 평소에 아무렇지 않게 다니던 장소, 늘 겪던 상황에서 일어나는 경우가 많다. 가령 어느 날 평소처럼 그냥 탈것을 탔을

뿐인데, 갑자기 심장이 두근거리고 숨 쉬기가 힘들 만큼 고통스러운 증상이 찾아오는 것이다. 마침 일 때문에 스트레스를 받고 있었는데, 그게 원인을 제공했는지도 모른다. 그런데 그 경험이 워낙 괴로웠던 탓에 그 이후로는 탈것에 타려고 하면 또 발작을 일으키게 될지도 모른다는 생각에 두려움이 앞서게 된다. 이것을 '예기불안'이라고 한다. 그리고 이윽고 불안감 자체가 원인이 되어 발작이 일어나게 된다. 발작이 불안감을 강화시키고, 불안감이 다시 발작을 유발하는 악순환에 빠지게 되는 것이다. 이 단계에서 병원에 가면 '공황장애'라는 진단을 받게 된다.

공황장애로 인한 발작에 대해 강한 불안감을 느끼는 이유는 일단 발작이 시작되면 스스로 통제할 수 없다는 무력감으로 인해 절망감에 빠지기 때문이다. 가슴이 심하게 두근거리고 숨쉬기가 힘들어질 뿐만 아니라 현기증, 손발 마비, 가슴 통증 등의 증상이 나타나는 사람도 있다. 증상이 나타나면 '심장 발작으로 죽는 건 아닐까?', '심각한 병에 걸린 게 분명해' 같은 생각에 사로잡혀 공황 상태가 될 만큼 불안해진다. 이럴 때는 "괜찮아, 걱정하지 마"라는 말을 들어도 믿지 못하며, 오히려 괴로움만 더 커진다.

공황 발작에 대한 불안감을 해소하는 첫걸음은 그 메커니즘을 이해하는 것이다. 메커니즘을 이해하면 그 대처법에도 수긍하게 되므로 안심하고 그 방법을 실천할 수 있게 된다.

공황은 강한 스트레스나 불안감에 대응해 싸우거나 도망치거나 반응을 일으키는 과정에서 발생한다. 싸우거나 도망치거나 반응이 일어나면 몸도 함께 반응한다. 자동적으로 호흡이 깊고 빨라지는 것이다. 싸울 때도 그렇지만 도망칠 때도 온힘을 다하게 되는데, 이럴 때는 신체 능력이 높을수록 유리하다.

호흡이 깊어지면 많은 양의 산소가 몸속으로 들어오고 심장도 두근거리며, 혈액이 몸속을 빠르고 힘차게 흐른다. 젖 먹던 힘까지 다 쓰는 것이다.

이렇게 호흡이 빨라지면 들이마신 산소는 혈액 속의 헤모글로빈과 계속 결합한다. 그러나 운동을 하는 게 아니기 때문에 산소를 소비하지 못해 몸속의 이산화탄소가 줄어든다. 여기서 문제가 발생한다. 혈액 속의 이산화탄소가 줄어들면 헤모글로빈과 결합한 산소가 방출되지 않게 된다. 요컨대 혈액 속에는 헤모글로빈과 결합한 산소가 넘쳐나는데, 몸은 산소 결핍 상태가 되는 것이다. 이것이 호흡곤란이나 현기증을 일으키는 원인이다. 산소결핍증의 전형적인 증상이다.

사람은 숨쉬기가 힘들어지면 반사적으로 깊고 빠르게 호흡을 한다. 그러면 혈액 속 산소는 더 늘어나고 이산화탄소는 더 줄어든다. 우리 몸의 감각과 본능이 오히려 우리를 위험하게 만드는 것이다.

공황 발작으로 숨쉬기가 힘들어지면 다음의 방법으로 호흡을 가다듬도록 하자.

1. 혈액 속에 산소가 과하게 많은 상태를 완화하기 위해 천천히 숨을 내쉰다.
2. 평소와 같은 깊이로 호흡한다. 3초 동안 들이마시고 3초 동안 내쉬기를 반복한다.

호흡곤란 상태에서 호흡을 애써 조정하려고 하면 더 괴로운 상태가 될 수 있다. 호흡곤란이나 현기증을 일으키는 원인을 논리적으로 이해하고, 위의 방법을 시험해보기 바란다.

사람은 안정된 상태일 때 1분에 10~12회 정도 숨을 쉰다. 이 속도를 유지하면서 적당한 깊이로 호흡을 계속하면 산소 과다 상태가 몇 분 안에 해소되게 된다. 만약 좀처럼 편안해지지 않는다면 호흡의 속도와 깊이를 다시 확인해보자. 불안감이 강하면 여유가 없어지기 때문에 자신도 모르는 사이에 깊고 빠르게 호흡을 하고 있을 수 있다. 안정된 상태일 때 연습을 반복해보기 바란다. 어느 정도의 속도로 호흡해야 할지 감이 잡히지 않는다면 스마트폰의 초시계 기능 등을 이용해 시간을 확인하면서 연습하는 것도 좋다.

공황 상태에 대한 불안감은 자신이 통제할 수 없다고 느낄 때 가장 심해진다. 따라서 한 번이라도 자기 힘으로 공황 상태에서 벗어나는 데 성공하면 불안감은 크게 줄어들게 된다. 즉, 공황 상태에 대한 불안감을 해소하기 위해 가장 먼저 해야 할 일은 '공황 상태는 내 힘으로 통제할 수 있다'는 감각을 익히는 것이다.

그 다음 단계는 부담을 느끼는 장소나 상황에서 공황 발작을 통제하는 연습을 하는 것이다. 그러나 절대 무리해서는 안 된다. 그러니 먼저 난도가 낮은 곳에서부터 시작하도록 하자.

개인차는 있지만, 탈것 중에서도 비행기나 고속철도, 고속버스 등 긴 시간 동안 타고 가야 하는 것들은 난도가 높다. 그것들은 '공황 발작을 일으켰을 때 도망칠 수가 없다', '다른 사람들에게 피해를 줄 수 있다', '많은 사람들 앞에서 공황에 빠진 모습을 보이고 싶지 않다' 등의 이유로 엄두를 내기 어렵다. 그러므로 난도를 낮게 설정하고 조금씩 익숙해질 때까지 연습을 해보는 것이 중요하다.

가령 전철이라면 출퇴근 시간대에 급행열차를 타는 것보다 한가한 시간대에 완행열차를 타고 한 정거장 정도를 목표로 도전해보는 것이다. 이 정도라면 가볍게 도전해볼 만한 수준이라고 생각하는 사람도 있을 것이고, 그것조차도 무리라고 생각하는 사람도 있을 것이다. '내게는 아직 무리야'라는 생각이 든다면 난도를 더 낮출 필요가 있다. 가령 표를 사서 개찰구를 지나 플랫폼까지만 갔다가 돌아온다는 목표라면 가볍게 도전해볼 수도 있을 것이다. 그 마저도 힘들 것 같다면 개찰구 앞까지만 갔다가 돌아온다는 목표로 도전해봐도 좋을 것이다.

그리고 실제로 시도해봐서 '조금 힘들기는 했지만 괜찮았어'라고 느꼈다면 그 행동을 몇 차례 반복해서 한다. 만의 하나 공황 발작의 징조가 나타났다면 앞에서 설명한 대로 호흡을 조절해 진정시킨다.

연습의 핵심은 빠르게 목표를 높이지 않고 한동안 같은 수준의 상황을 반복해서 연습하는 것이다. 이때 실패하는 사람들도 있는데, 대부분은 성급하게 목표를 높인 경우였다. 이때 실패를 해 공황 발작을 일으키게 되면 '역시 안 되는구나' 하며 포기하게 되기 쉽다. 그러니 가벼운 목표를 정해 성공 경험을 쌓는 것이 핵심이다. 그렇게 하면 예전에 공황 발작을 일으켰던 장소에 가더라도 안도감이 생겨 생각보다 공황 발작을 일으키지 않게 된다. 그리고 이윽고 더 이상 이 목표가 도전으로 받아들여지지 않는 단계에 들어서게 되는데, 이때 비로소 목표의 난도를 높이면 된다.

다만 이때도 절대 무리하지 않도록 최대한 주의해야 한다. 조금 낮은 듯한 수준으로 목표를 설정할 때 성공률이 높아지기 때문이다. 이런 방식으로 성공 경험을 쌓으면서 난도를 높여가다보면 갈 수 있는 곳, 탈 수 있는 것이 늘어나고 거기 머무는 시간도 길어질 것이다.

공황 발작을 일으킬까봐 걱정스러운 장소에 대한 부담감을 줄이기 위해서는 '호흡 조절에 능숙해지는 방법'과 '서서히 그 장소에 익숙해지는 방법'이 효과적이다. 성급하게 너무 속도만 내지 않는다면 서서히 고통에서 벗어날 수 있게 된다.

어떤 장소에 대한 부담감이 뿌리 깊게 박혀 있는 경우에는 그 생각이나 감정에 초점을 맞추고 퀵 마인드풀니스 테크닉을 실천해보

자. 앞에서 말한 '공황 발작을 일으켰을 때 도망칠 수가 없다', '다른 사람들에게 피해를 줄 수 있다', '많은 사람들 앞에서 공황에 빠진 모습을 보이고 싶지 않다' 등의 생각에 초점을 맞추고 이를 해소해 나가면 마음이 편해지고, 외출하는 일이 더 이상 힘들지 않게 된다.

만약 공황 발작이 만성적이고 병원에서 공황장애 진단을 받았다면, 무엇보다 혼자서 무리하지 말고 전문 의료기관에서 우선적으로 치료를 받길 바란다.

이렇게 살다가
인생을 끝낼 수는 없지!

우리가 느끼는 불안감 중 가장 큰 불안감은 무엇일까? 바로 죽음에 관한 불안감일 것이다. 죽음은 언젠가 반드시 우리를 찾아오게 돼 있지만, 죽음이라는 주제와 진지하게 마주할 수 있는 사람은 매우 드물다. 대부분은 가급적 죽음이라는 주제와 마주하기를 피하고 싶어 하지 않을까? 그런데 같은 죽음이라도 불안감을 더 가중시키는 것이 있으니, 바로 '고독사'다.

중년으로 접어들면 죽음이 조용히 다가오고 있다는 것을 어렴풋이나마 느끼게 된다. 최근에는 특히 이 연령대의 독신 여성들에게서 이런 경향이 자주 나타난다. 개중에는 '고독사'라는 말만 들어도 공황 상태에 가까운 불안감에 빠져 머릿속이 새하얘지며, 아무 생각도 나지 않는다고 하는 사람도 있다. '고독사'라는 말은 그 정도로 강한 불안감을 불러일으킨다.

'죽음' 혹은 '고독사'라는 주제와 진지하게 마주하지 못하고 그저 불안에 떨기만 하는 많은 사람들에게 나는 다음과 같은 방법을 제안한다.

'고독사'라는 말에 공황 상태에 가까운 불안감을 느끼는 사람은 싸우거나 도망치거나 반응에 빠지기 쉽다. 그래서 필사적으로 고독사와 관련된 불안감을 지우려고 한다. 결혼하고 싶어 하는 미혼들에게 왜 결혼하고 싶냐고 물어보면 '고독사만큼은 피하고 싶어서'라고 대답하는 경우가 상당히 많다. 분명 배우자나 자녀가 있으면 고독하게 생을 마감할 확률은 낮아진다. 그러나 배우자가 먼저 세상을 떠나거나 자녀가 독립해서 집을 나가면 어떻게 할 것인가? 그때는 어쩔 수 없이 혼자 살아야 할지도 모른다. 즉, 결혼이 고독사에 대한 불안감을 지워줄 수 있는 완벽한 해결책은 아닌 것이다. 결혼이라는 수단에만 집착하면 불안감은 평생 우리 곁을 떠나지 않게 된다.

40대 이후의 독신자들에게 고독사에 대한 불안감은 '긴급성은 낮지만 중요도는 높은 리스크'다. 따라서 현실적으로 어떻게 대처하는가도 물론 중요하지만 먼저 심리적인 부담감을 줄이는 것이 급선무다. 심리적 부담감이 줄어들면 고독사에 대해 싸우거나 도망치거나 반응을 보이는 일도, 머릿속이 새하얘지는 일도 줄어들 것이다. 냉정함을 유지할 수 있게 되고, 고독사에 대한 불안감을 줄이기 위한 구체적인 행동을 할 수 있게 되기 때문이다.

고독사?

이러다 독거노인?

"나중에 혼자 외롭게 죽지 않기 위해서라도
지금 열심히 살아야겠어!"

원점으로 돌아가 보자. 우리는 왜 '고독사'라는 말을 들으면 이렇게까지 큰 두려움을 느끼게 되는 걸까? 사람은 누구나 자신의 능력과 인간관계력이 어느 정도는 부족하다고 느끼면서 살아가지만, 그럼에도 '고독사'라는 말은 이 두 가지 자아 이미지가 다 약하다는 것을 여실히 증명한다고 여기기 때문이다.

능력에 대한 자아 이미지가 낮아 마음속 깊은 곳에서 '나는 아무것도 할 줄 몰라'라고 생각하는 사람은 자신의 능력과 관련된 일에 민감하게 반응한다.

예를 들어, 건강이 안 좋아지는 바람에 업무 능력이 일시적으로 떨어졌다고 치자. 이런 상황이라면 누구나 괴롭겠지만, 자아 이미지가 낮은 사람은 업무 능력에 대한 집착이 매우 강해지기 때문에 자신의 능력이 조금만 떨어져도 강한 불안감과 초조함을 느낀다. 따라서 그 능력을 더 이상 발휘할 수 없게 되는 죽음과 관련해서는 불안감이 최대치가 되며, 심하면 이성을 잃기도 한다.

이 과민함을 줄여 고독사와 관련된 불안감을 받아들일 수 있게 되려면 능력과 관련된 자아 이미지를 높일 필요가 있다.

또 인간관계력에 대한 자아 이미지가 낮아 '아무도 나를 좋아하지 않아'라고 생각하는 사람은 다른 사람과의 관계가 단절되는 데 대해 민감해지는 경향이 있다.

예를 들어, 사이좋게 잘 지내던 친구가 갑자기 자신과 멀어지는 것 같으면 고민에 빠진다. 잘 지내던 친구와 멀어진다는 것은 누구에게나 괴로운 일이지만, 자아 이미지가 낮으면 친구에 대한 집착이 매우 강해지기 때문에 더 큰 충격을 받는다.

이것은 고독사에 대해서도 마찬가지다. '고독사'는 말 그대로 '홀로 고독하게 죽는' 것이다. 누구도 고독사 하기를 원하지 않으며, 가능하다면 소중한 사람들이 지켜보는 가운데 눈을 감기를 바란다. 하물며 인간관계력에 대한 자아 이미지가 낮은 사람에게 고독사는 상상을 초월할 정도로 큰 공포감을 줄 수밖에 없다. 이 과민함을 줄이고 고독사에 대한 불안감을 받아들일 수 있게 되려면 인간관계력과 관련된 자아 이미지를 높일 필요가 있다.

그리고 이 궁극의 불안감을 완화시키기 위한 또 다른 방법은 평소의 행동에 변화를 주는 것이다. 예를 들어, 돈 벌 방법을 궁리하거나, 시간 가는 것도 잊고 몰입할 수 있는 취미를 갖거나, 일 이외의 인간관계를 만들거나, 퇴근 후의 시간을 바쁘게 보내거나, 어학 공부 또는 자격시험 공부를 하거나, 다양한 분야의 책을 읽거나, 사교 활동을 더 적극적으로 하거나, 건강에 더 신경을 쓰거나, 병의 징조를 빨리 감지할 수 있게 되거나….

이런 활동들을 장기적으로 꾸준히 해나가면 고독사와 관련된 리스크를 크게 줄일 수 있다. 다만 자아 이미지가 낮은 상태에서는 아무리 이런 활동들을 한다 하더라도 고독사와 관련된 불안감이 줄어들지 않는다. 이 상태에서는 여전히 불안감에 시달리면서 삶의 질이 낮은 상태로 살아가게 될 것이다.

지금까지 나는 인생의 다양한 국면에서 나타나는 불안감과 그 배경에 자리하고 있는 낮은 자아 이미지에 대처하는 방법을 반복적으로 소개해왔다. 즉, 더 나은 인생을 살려면 자신이 느끼는 불안감과 관련된 자아 이미지를 꾸준히 높여나가는 것이 중요하다는 말이다. 고독사에 대한 불안감도 그 배후에 자리한 낮은 자아 이미지의 영향을 받고 있기 때문에 체질 개선을 꾀하려면 평소의 행동에 변화를 주는 동시에 시간과 노력을 들여 자아 이미지를 높일 필요가 있다.

다만 증상을 완화시키는 대처법도 필요하다. 고독사에 대한 불안감에 이러지도 저러지도 못할 때는 일단 퀵 마인드풀니스 테크닉을 실천하도록 하자. 그러면 불안감이 어느 정도 해소될 것이다. 그럼에도 불구하고 여전히 불안감이 남아 있다면 '부정적인 감정이 날뛸 때의 대처법'(73, 76쪽 참조)과 함께 꾸준히 실행해보길 바란다. 중요한 것은 실행 빈도다. 반복해서 실행하면 불안감에 대한 내성이 생기고, 자신의 능력이나 인간관계력에 대해 만족하는 시간이 늘어나며, 고독사에 대한 불안감도 서서히 줄어들게 된다.

고독사에 대한 불안감은 '이런 식으로 살다가 인생을 끝낼 수는 없어!', '좀 더 나다운, 만족스러운 삶을 살고 싶어!'라는 긍정적인 마음의 발로이기도 하다. 따라서 자아 이미지를 높임으로써 고독사에 대한 불안감이 줄어들면 이 또한 도움이 되는 불안감이라 할 수 있다.

고독사와 관련된 불안감과 중압감은 가급적 빨리 털어버릴수록 좋다. 그리고 '고독사에 대한 불안감을 만족스러운 삶을 살기 위한 동기로 삼는다'라고 발상을 전환할 수 있다면, 그때가 바로 더 나은 인생을 살기 위한 중요한 전환점이 될 것이다.

더 이상 불안감에 지배당하지 않게 되면 일상의 많은 부분이 달라진다.
당신은 본래 평온하고 활기차며, 더 가능성이 있는 사람이기 때문이다.

극복!

📖 참고 문헌

《인지행동요법 실천 가이드: 기초부터 응용까지(認知行動療法実践ガイド: 基礎から応用まで)》 주디스 S. 벡(Judith S. Beck) 지음, 이토 에미(伊藤絵美)·가미무라 에이이치(神村栄一)·후지사와 다이스케(藤澤大介) 번역, 세이와서점(星和書店)

《인지요법 전 기법 가이드(認知療法全技法ガイド)》 로버트 L. 리히(Robert L. Leahy) 지음, 이토 에미·사토 미나코(佐藤美奈子) 번역, 세이와서점

《불안장애의 인지행동요법 1. 공황장애와 광장공포증(不安障害の認知行動療法 1. パニック障害と広場恐怖)》 개빈 앤드류스(Gavin Andrews), 로코 크리노(Rocco Crino), 캐롤라인 헌트(Caroline Hunt) 지음, 후루카와 도시아키(古川壽亮) 감역, 세이와서점

《용기를 주며 훈육한다(勇気づけて躾ける)》 루돌프 드라이커스(Rudolf Dreikurs), 비키 솔츠(Vicky Soltz) 지음, 하야카와 마유리(早川麻百合) 번역, 잇코사(一光社)

《마인드풀니스 스트레스 저감법(マインドフルネスストレス低減法)》 존 카밧진(Jon Kabat-Zinn) 지음, 하루키 유타카(春木豊) 번역, 기타오지서방(北大路書房)

《실천! 마인드풀니스(実践! マインドフルネス)》 구마노 히로아키(熊野宏昭) 지음, 도미타 노조미(富田望), 히누마 도모코(樋沼友子), 아라키 미노리(荒木美乃里), 구로다 아야카(黒田彩加) 기타, 상가(サンガ)

《쉽게 이해되는! 단기 요법 가이드북(よくわかる!短期療法ガイドブック)》 와카시마 고분(若島孔文), 하세가와 게이조(長谷川啓三) 지음, 곤고출판(金剛出版)

《EMDR》 프랜신 샤피로(Francine Shapiro) 지음, 이치이 마사야(市井雅哉) 번역, 니헤이사(二瓶社)

《1분 안에 모든 고민을 해방한다! 공식 EFT 매뉴얼(1分間ですべての悩みを解放する! 公式EFTマニュアル)》 게리 크레이그(Gary Craig) 지음, 브렌다(ブレンダ)·야마사키 나오히토(山崎直仁) 번역, 슌주사(春秋社)

《EFT 매뉴얼(EFTマニュアル)》 게리 A. 플린트(Garry A. Flint) 지음, 아사다 기미코(浅田仁子) 번역, 슌주사

《태핑 입문(タッピング入門)》 로버타 템즈(Roberta Temes) 지음, 아사다 기미코 번역, 슌주사

《하코미테라피(ハコミセラピ_)》 론 커츠(Ron Kurtz) 지음, 오카 겐지(岡健治)·다카오 고지(高尾浩志)·다카노 마사지(高野雅司) 번역, 세이와서점

《포커싱(フォ_カシング)》 유진 T. 젠드린(Eugene T. Gendlin) 지음, 무라야마 쇼지(村山正治) 번역, 후쿠무라출판(福村出版)

《월드워크: 프로세스 지향의 갈등 해결, 팀·조직·커뮤니티 요법(ワ_ルドワ_ク: プロセス指向の葛藤解決 チ_ム·組織·コミュニティ療法)》 아놀드 민델(Arnold Mindell) 지음, 후지미 유키오(富士見ユキオ)·아오키 아키라(青木聡) 번역, 세이신서방(誠信書房)

김정환

건국대학교 토목공학과를 졸업하고 일본외국어전문학교 일한통번역과를 수료했다. 21세기가 시작되던 해에 우연히 서점에서 발견한 책 한 권에 흥미를 느끼고 번역의 세계에 발을 들였으며, 현재 번역 에이전시 엔터스코리아의 출판기획자 및 일본어 전문 번역가로 활동하고 있다.

경력이 쌓일수록 번역의 오묘함과 어려움을 느끼면서 항상 다음 책에서는 더 나은 번역, 자신에게 부끄럽지 않은 번역을 하기 위해 노력 중이다. 공대 출신 번역가로서 논리성을 살리면서도 문과적 감성을 접목하는 것이 목표다. 야구를 좋아해 한때 imbcsports.com에 일본 야구 칼럼을 연재하기도 했다.

번역 도서로는 『화내지 않는 43가지 습관』, 『불안과 외로움을 다스리는 인생의 약상자』, 『습관을 바꾸는 심리학』, 『하버드의 생각수업』, 『마흔, 버려야 할 것과 붙잡아야 할 것들』, 『청춘 명언』, 『난 가끔 집에 가기 싫다』, 『당신의 가정은 당신으로 인해 달라질 겁니다』, 『변호사처럼 반론하라』 등이 있다.

아무 이유 없이 불안할 때가 있다
: 2만 건의 임상 경험으로 검증된
  30초 만에 불안감을 없애는 법

초판 1쇄 발행 2019년 4월 25일

지은이 다카무레 겐지
펴낸이 정덕식, 김재현
펴낸곳 (주)센시오

출판등록 2009년 10월 14일 제300-2009-126호
주소 서울 은평구 진흥로67(역촌동, 5층)
전화 02-734-0981
팩스 02-333-0081
메일 nagori2@gmail.com

편집 고정란
웹홍보 김연진
경영지원 염진희
일러스트 운아
디자인 Design IF

ISBN 979-11-966219-3-3 03320